季刊 考古学 第18号

特集 考古学と出土文字

● 口絵（カラー）　漢鏡の銘文
　　　　　　　　漆紙文書
　　　　　　　　経筒の銘文
　　　　　　　　中世の金石文
　（モノクロ）　出土文字―木簡
　　　　　　　　出土文字―墨書土器
　　　　　　　　出土文字―文字瓦
　　　　　　　　上野三碑

考古学における文字研究―――――――坂詰秀一 *(14)*

考古学資料と文字

　銘辞学とその周辺―――――――――角田文衞 *(17)*

　木簡研究の意義――――――――――直木孝次郎 *(22)*

　墨書土器研究の意義――――――――斎藤　忠 *(26)*

　文字瓦研究の方法―――――――――大川　清 *(31)*

　金石文と古代金石資料―――――――石村喜英 *(36)*

　板碑にみられる銘文の解釈――――――服部清道 *(41)*

文字資料研究の現状

　木　　簡――――――――――――――今泉隆雄 *(45)*

漆紙文書	平川　南	*(51)*
鏡 鑑 銘	笠野　毅	*(55)*
墨書土器	玉口時雄	*(59)*
篦書土器・刻印土器	佐藤次男	*(64)*
墓　誌	前園実知雄	*(67)*
経 筒 銘	関　秀夫	*(71)*
印　章	木内武男	*(75)*
硯	水野和雄	*(79)*

最近の発掘から

古墳時代の土器を伴う木簡　静岡市神明原・元宮川遺跡──栗野克巳　*(83)*

平安時代後期の遺構群　日野市落川遺跡──福田健司　*(89)*

連載講座　日本旧石器時代史

4. 前期旧石器時代の環境とくらし──岡村道雄　*(91)*

書評 *(97)*
論文展望 *(99)*
文献解題 *(101)*
学界動向 *(104)*

表紙デザイン・目次構成・カット
／サンクリエイト

漢鏡の銘文

漢鏡の銘文は，鏡に関することがら，製作年月日・作者・胎質・表面の輝き・背面の図文・効能などを韻文で記したものである。したがって，鏡銘から直接こうしたことを知ることができ，鏡の編年や図文の同定・解釈に役立つ。また漢字や上古音 Archaic Chines・ことば，あるいは思想・宗教・民俗，まれには政治・経済の研究の資料ともなる。

2 延熹九年銘　獣首鏡（A.D. 166）
径14.5cm。五島美術館提供

1 居摂元年銘　内行花文鏡（A.D. 6）
楽浪出土。径13.7cm。五島美術館提供

4 景初三年銘　三角縁階段式神獣鏡（A.D. 239）
島根県神原神社古墳出土。径23.0cm。
3と同じく，東王父，西王母とともに伯牙弾琴像がみえる。
国所有（文化庁保管）。島根県教育文化財団提供

3 黄初四年銘　対置式神獣鏡（A.D. 223）
径13.0cm。五島美術館提供

構成／笠野　毅

漆紙文書

漆紙文書を出土する遺跡は東北各地の[城]柵遺跡をはじめ，宮都・国府・郡家さ[ら]に最近では集落遺跡（例えば宮城県下[窪]遺跡）の例も報告されはじめている。[漆]紙文書は漆の力によって遺るのである[か]ら，全く遺構を特定できず，あらゆる[条]件下で遺る可能性がある。

漆紙文書の付いた須恵器（宮城県川崎町下窪遺跡）
宮城県多賀城跡調査研究所提供

多賀城跡第4号文書
←表
　裏（漆付着面）→
宮城県多賀城跡調査
　　研究所提供

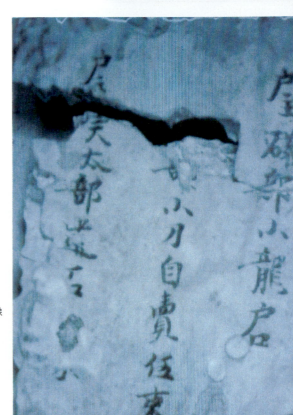

秋田城跡出挙帳様文書（赤外線テレビの映像を撮影したもの）　秋田市教育委員会提供

構　成／平川　南

経筒の銘文

経塚に埋納される経典は、そのほとんどが銅製の経筒に納められ、これがさらに陶製や石製などの外容器で保護されている。これらの経容器類には埋経の願意や供養者名、あるいは埋経年月日などを記すものが多くその銘文は埋経の背景を理解する上でもきわめて重要である。記銘の方法は完成後の器物に彫刻する例が大半で、器物の成形過程において記銘される鋳出銘や箆書銘などは比較的少ない。

構　成／関　秀夫

銅製経筒（保元元年・1156）
和歌山県那智勝浦町
　　熊野那智経塚出土
熊野那智大社蔵　総高30.7cm

陶製外筒（重文）（承安元年・1171）
福島県須賀川市米山寺経塚出土
日枝神社蔵　総高26.8cm

陶製外筒（重文）（承安元年・1171）
福島市飯坂町天王寺経塚出土
天王寺蔵　身高26.1cm

銅製経筒（建久7年・1196）
埼玉県東松山市利仁神社経塚出土
東京国立博物館保管　総高18.8cm

展開写真（小川忠博撮影）

銅製経筒（重文）（康和5年・1103）山梨県勝沼町柏尾山経塚出土　東京国立博物館保管　総高29.0cm

中世の金石文

金石文資料は出土文字資料と同様に重要であり，歴史的事実を誇張なく伝える第一等の史料でもある。中世の板碑は全国的に存在し，梵鐘銘は時の事実を告げ，橋の欄干擬宝珠また造橋時の世相の側面を示している。

日本最大の板碑
応安2年（1369）銘。埼玉県秩父郡野上。高さ537cm（地上）

上野の初発期板碑
仁治4年（1243）銘。群馬県甘楽郡下高座。高さ276cm（台上）

北方の板碑
正応元年（1288）銘。青森県弘前市中別所。「源光氏」の銘文で著名。

慈光寺（埼玉県比企郡）の板碑群
弘安7（1284），徳治2（1307），元亨4（1324），嘉暦2（1327），寛正5年（1464）などの紀年銘がある。

南方の板碑（鹿児島県姶良郡隼人町）
40数基の板碑群の一部。中世大隅正八幡宮の社家・沢家墓地に残る。紀年銘な

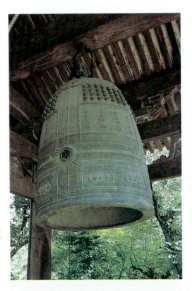

唐招提寺の梵鐘（平安時代）
「南都左京」「唐招提寺」の追刻あり。

京都市清水寺の梵鐘
文明10年（1478）「大工藤原国久」と76人の法名を陽鋳。

構成・撮影／坂詰秀一

京都市三条大橋の擬宝珠
天正18年（1590）豊臣秀吉造。銘文は約30cm×cmの範囲。

1 参河国播豆郡篠嶋海部供奉五月料御贄佐米楚割六斤（平城宮跡）

2 ・卿等前恐々謹解〔寵〕
・卿尓受給請欲止申（藤原宮跡）

3 紀伊国進地子塩三斗「安万呂」（長岡京跡）

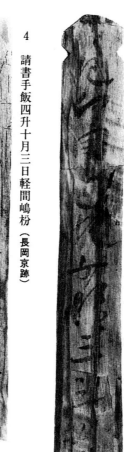
4 請書手飯四升十月三日軽間嶋枌（長岡京跡）

5 庚子年四月若佐国小丹生評木ツ里秦人申二斗（藤原宮跡）

出土文字―木簡

木簡は文字の書いてある文献史料であるとともに，その大部分は発掘調査によって出土する考古学の遺物である。そして内容と用途によって，文書と付札とに大きく二分類され，このほか習書・落書，題籤軸などがある。

〈解説文〉
1 参河国播豆郡篠嶋の贄の鮫の干物の荷札。2「某前解」という様式の上申文書。3 紀伊国の地子塩の荷札。貢進物の勘検の役人の安万呂の異筆の署名が末尾にある。4 太政官の書記官の常食の飯の請求文書。5 庚子年（700年）の若狭国の塩の荷札。日付を冒頭に記す。6 習書。初学者の教科書である『千字文』の冒頭を記す。

構　成／今泉隆雄
写真提供／奈良国立文化財研究所
　　　　　向日市教育委員会

6 池池天地玄黄
宇宙洪荒日月
霊亀二年三月（平城京薬師寺跡）

出土文字—墨書土器

墨書土器とは土師器・須恵器・施釉陶器に文字や記号，絵画などを墨書したもので，全国的に出土している。その出土は宮殿・宮都，国・郡衙，城柵，寺院，庄園，集落，古道沿いの遺跡など奈良・平安時代の遺跡が主である。墨書文字の銘記部位は内外，底面で，漢字が多い。

構　成／玉口時雄

「山伸鳥鳥般般」
（千葉県平賀遺跡）
日本考古学研究所提供

「□香取郡大坏郷中臣人成女之替承□」
（千葉県吉原三王遺跡）
千葉県文化財センター提供

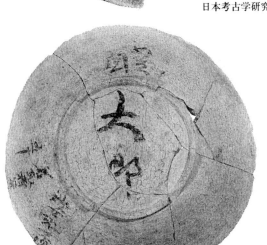

「醴太郎」（奈良県平城宮跡）
奈良国立文化財研究所提供

「太」
（静岡県城山遺跡）
浜松市博物館提供

「束家」
（新潟県下新町遺跡）
新潟県教育委員会提供

「庭斫」「塩屋」（栃木県下野国府跡）
栃木県教育委員会提供

「酒坏」（松江市出雲国庁跡）
八雲立つ風土記の丘提供

「志大領」
（静岡県秋合遺跡）
藤枝市教育委員会提供

「佛」「册」
（千葉県公津原遺跡）
房総風土記の丘提供

「永」「倍」（千葉県本郷台遺跡）
岡崎文喜提供

「郡」
（新潟県栗原遺跡）
新潟県教育委員会提供

出土文字—文字瓦

構成／大川 清

奈良時代から平安時代初期ごろの寺院，官衙の屋瓦に文字のヘラ書されたものや印を押したものがみられるようになり，これらは総称して文字瓦とよばれている。文字瓦は人名や地名がもっとも多い。ここにあげる2点は埼玉県金沢（こんたく）瓦窯出土の女瓦で，同一押印「豊」が記されているが，異なる人物による銘記である。

武蔵国分寺所用女瓦
(左)「戸主鳥取マ古真良」押印「豊」，小口にヘラ書「日頭」
(右)「戸主宇遅マ友麻呂」押印「豊」，小口にヘラ書「荒」

上野三碑

上野三碑とは上野国（群馬県）に存在する「多胡碑」（和銅4年＝711），「金井澤碑」（神亀3年＝726），「山ノ上碑」（天平13年＝741）の三碑をいう。三碑すべて奈良時代の所産で，建郡，供養，墓碑と造碑背景を異にする。8世紀の前半，上野国における識字のあり方を伝える資料として重要である。

構成・撮影／坂詰秀一

多胡碑

多胡碑の覆い

金井澤碑の覆い

金井澤碑（拓影）

山ノ上碑

山ノ上古墳（右）と山ノ上碑の覆い（左）

季刊 考古学

特集

考古学と出土文字

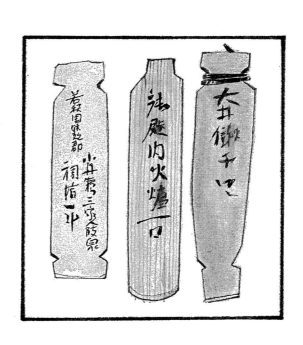

特集●考古学と出土文字

考古学における文字研究

立正大学教授 坂詰秀一
（さかづめ・ひでいち）

出土文字資料は金石文に加えて近年木簡・漆紙・墨書土器などが加わるようになり，多くの関連分野からの関心も高まっている

1 資料の認識

　日本の考古学が出土文字資料を意識的に注目しはじめたのは，昭和36年1月に平城宮跡より発掘された「寺請」の木簡からであった。出土木簡については，それ以前より一部識者の関心の対象とはなっていたが，考古学界の趨勢となるにはいたっていなかったのである。しかしながら，浜田耕作氏は『通論考古学』（大正11年）において「歴史考古学に於いて，遺物遺跡の絶対年代を明にし，其の製作者の人名種族名国名等を知るには，必ずや之を文献の證左に俟たざる可からず」と指摘し，中国敦煌およびニヤ付近発見の木簡について写真を挿入して紹介し，注意を喚起するところがあった。

　また「多くの考古家は文献を無視せぬまでも其研究には甚だ冷淡」であるが，「我考古学は上代人が吾人に遺した物質と文献の二方面から研究を進めねばならぬ」と主張し，"文献考古学"を提唱した松岡静雄氏（「文献考古学」『中央史壇』13—1，昭和1年）のごとき見解も披瀝されていた。

　このような考え方は，松岡氏の指摘をうけるまでもなく，考古学界においては，すでに文献存在時代を対象とする研究も行なわれていた（八木奘三郎氏『考古便覧』明治35年など）。それを"歴史考古学"としての観点より総括的に論じたのは，後藤守一氏の『日本歴史考古学』（昭和12年）であり，補助学としての視点より金石文を挙げその重要性を指摘した。

　考古学の研究において文字が関わるのは，金石文が主である，と言う理解は長く続いた。金石文資料として，鉄剣・鏡鑑・墓誌に認められる款識両文の研究はかなりの深まりを見せたが，ほかに文字が刻された瓦，文字が墨書された土器についても一部識者によって注目されてきた。一方木あるいは紙に書かれた文字資料が出土することについては，結果的にまったく等閑視されてきていたのである。

　しかし，古代史学界の問題として多くの論議を生んでいた「郡評問題」が昭和42年に藤原宮跡より出土した評木簡によって一挙に決着されたことは象徴的な出来ごとであった。さらに，木簡に加えて漆紙文書の出土は，日本の古代史研究に新しい局面が展開するのに充分な刺激をあたえるものであった。

　一方，古くより考古学資料として着目されてきた墨書土器の資料は，宮跡・城柵跡・地方官衙跡・寺院跡，あるいは集落跡の大規模な発掘調査によって多量に出土を見るにいたった。また，篦書土器・刻印土器のごときとかく稀有な資料と目されてきたものについても出土例があいついで知られるようになった。さらにいわゆる文字瓦についても多くの資料の知見が学界に紹介されるようになってきたのである。そのほか，紡錘車に地名が針書きされた例なども知られ，識字層の時間的・空間的な拡がりについての認識資料が増加し，出土文字に対する関心が高まってきている。

　このような新たなる知見の増加は，考古学において文字資料とされてきた鏡鑑銘・鉄剣銘・墓誌・経筒銘などの出土資料に加えて，木簡・漆

紙・墨書箆書刻印の土器・文字瓦塼が加わるようになってきたのである。ここにおいて，古代史専攻者は勿論のこと，中世史さらには近世史を専攻する文献史学の研究者にとっても，出土文字資料について看過することができぬ情況にいたっていると言うことができるのである。

2 研究の展開

文字の国——中国においては，文化部文物事業管理局に古文献研究室が設置されている。その研究室の編集による『出土文献研究』が 1985 年 6 月に刊行された。収められた内容は，甲骨文・銅器銘文・紙文書・石刻文に関する 25 編の研究論文であり，「出土文献」についての関心を窺うことができる。

「出土文献」は，その語が示すごとく土中より出現した文献類を指す用語であり，対象物が存在した情況を適確に示す造語であると言えよう。しかしながら，わが国における出土の文字資料は，木簡・漆紙文書・鉄剣銘文などのほか，墨書箆書刻印土器・文字瓦塼などにも及んでおり，すべての資料が必ずしも「文献」に相応しいもの，と言うことはできない。そこで「文字」と表現する方が穏当であろう。

かつて，原田淑人氏は「文字が有ろうが無かろうが，とにかく学術的に発掘された一群の遺物を指」して「地下の文献」と称されたことがある（『考古漫筆』昭和 45 年）。この場合は「地上の文献」に対応したものとして「地下の文献」として遺物を位置づけたのであるが，本来の「地上の文献」が「地下の文献」に密着して存在していることは，歴史の研究にとってきわめて有用かつ貴重であることは改めて指摘するまでのこともないであろう。

歴史の史料としてまさに第一級の史料である木簡の研究は，出土文字研究の中心であり，木簡学会が組織され『木簡研究』誌が刊行されている。

木簡学を提唱された坪井清足氏の公式発言は，昭和 49 年 11 月 9 日に開催された史学会の第 72 回大会の公開講演会の折であったと言う。わが国における第 1 号木簡の発掘が昭和 31 年 1 月 26 日，木簡学会が設立されたのが昭和 52 年 3 月 21 日，『木簡研究』の第 1 号が刊行されたのが昭和 54 年 11 月 25 日のことであった。木簡についての概説・研究書の出版もあいついだ。漢簡研究の

専門家としての立場より木簡を説いた大庭脩氏の『木簡』（昭和54年），『木簡学入門』（昭和59年），奈良国立文化財研究所にあって木簡の調査研究を推進されてきた狩野久氏『木簡』（日本の美術160，昭和54年），横田拓実・鬼頭清明両氏『木簡』（古代史演習，昭和54年），鬼頭氏『木簡の社会史』（昭和59年），さらに木簡学会の会長をつとめる岸俊男氏の『宮都と木簡』（昭和52年）と『遺跡・遺物と古代史学』（昭和55年）などのほか，個別遺跡出土の木簡に視点をおいた論文集である竹内理三氏編『伊場木簡の研究』（昭和56年），シンポジウムの記録と論文よりなる神奈川地域史研究会編『シンポジウム宮久保木簡と古代の相模』（昭和59年）が公けにされ，東野治之氏の論文集『正倉院文書と木簡の研究』（昭和52年）なども出版されている。遺跡ごとの木簡の報告書として平城宮跡・藤原宮跡・長岡京跡・大宰府跡をはじめ，但馬国分寺跡・草戸千軒町遺跡など古代より中世におよび，また漆紙文書の報告書として多賀城跡などがまとめられている。一方，木簡・漆紙文書を一書とした下野国府跡，木簡・墨書土器を一書とした駿河志太郡衙跡などの報告書も刊行されている。

墨書土器については，かつて大川清氏によって集成図の作成が試みられ（『墨書土器』1〜，昭和33年〜），また，佐藤次男氏によって『墨書・箆書・刻印土器出土地名表』（昭和32年）が編まれたことがあったが，近年においては，茨城県立歴史館『茨城県関係古代金石文資料集成—墨書・箆書—』（昭和60年）のごとき県単位の集成的研究，平城宮跡・伊場遺跡など遺跡ごとの墨書土器の集成と研究が公けにされ，資料の共有化が計られつつある。

瓦塼文字については，「文字瓦」として江戸時代より注目されてきたが，古く高橋健自氏によって注意されたのをはじめ，近年にいたり大川氏『武蔵国分寺古瓦塼文字考』（昭和33年）などの研究書が刊行され，文字瓦塼研究の方向性が示された。

このように出土文字についての関心は，近年にいたって急速に展開してきた。その顕著なあらわれが，出土文字資料を対象としたシンポジウムの実施であり，また，出土文字資料をテーマとした特別展の開催であると言えよう。

シンポジウムについては，例えば，昭和 60 年 7 月 24〜26 日に栃木県において開催された"第14回古代史サマーセミナー"における「シンポジウム在地社会と文字資料—東国を中心として—」

のごときは，近年における出土文字資料についての関心の深さを示すものであった。そこにおいては，文字瓦・墨書土器を中心とし，木簡・漆紙文書におよぶ出土文字を通して，それぞれの出土遺跡の性格と動態についての意欲的な見解の披瀝が行なわれた。

一方，千葉県立房総風土記の丘における「文字は語る―墨書土器などから見た古代の房総―」（昭和52年）が関東で，大阪府立泉北考古資料館における「記された世界―大阪府下出土の墨書土器・文字瓦と木簡展―」（昭和58年）が関西で，それぞれ意欲的に開催されてきたが，昭和61年に向日市文化資料館において開催された「よみがえる古代の文字―近畿出土の文字資料が語る都城・郡衙・寺院・集落―」展は，近年の出土文字資料についての学界の関心を背景にして試みられたものとして注目される有意義な企てであった。

3 出土文字の意義

出土文字についての関心は，遺跡の発掘に携わる考古学関係者は勿論のこと，文字史料そのものを研究の対象としている文献史学・国文学をはじめ多くの関連分野の研究者にとってもいまや日常的となった。

かつて，考古学，とくに「歴史」考古学の研究にとって，金石文の知識は逸することの出来ない基礎と言われてきた。それに加えて木簡・漆紙文書の出現は，考古学研究者にとって文字に対する認識の深まりが必須となってきたのである。

入田整三氏は『日本金石文綱要』（昭和12年）において，「銘」を主的銘文と従属的銘文と二分し，「一時的のもの」を除外すると言う方向を示された。これは入田金石学の一つの見識であるが，一方，大場磐雄氏は「金石文」（『日本考古学の現状と課題』昭和49年）において，金石文の範囲を「金工品と石造品で記銘の有するもの」とし，さらに「木簡」をも加え，「古文書や古記録類のような紙に書かれた資料を除しその他の物質による物件で年紀その他の記銘を有するもの」と規定した。すなわち，大場氏による金石文の種類は，(1)金工品，(2)石造品，(3)木製品，(4)土製品，(5)布製品，(6)其の他（肩角牙製品など）となる。

金石文の専門家としての入田氏，金石文に造詣の深い考古学者として令名高い大場氏による金石文の範囲についての見解は，それぞれの時点における主張として把えることが出来るが，現在における日本の考古学界が直面する情況を踏まえて考えるとき，考古学研究と金石文という対応の枠を超えて，考古学と出土文字資料に想いを廻らす必要性が提起されてきていると言えるのであろう。

出土文字の資料は，かつての認識のごとく金石文としての研究対象ではなく，それの書かれている状態より，まさに「史料」そのものとして位置づけがなされている。それは「出土文字」であり，「出土文献」である，と理解することが出来るのである。

現在，われわれが出土文字の資料として認識している主なものは次の通りである。

(1)金属製品に書かれたもの――鏡鑑銘，刀剣銘，墓誌，骨蔵器銘，経筒銘，仏像銘，仏具銘，銭貨銘，印章など

(2)石製品に書かれたもの――墓誌，石櫃銘，石造塔婆銘，石碑銘，石経銘など

(3)土製品に書かれたもの――瓦塼銘，瓦経銘，土器銘など

(4)木製品に書かれたもの――木簡，柿経，木造塔婆銘など

(5)紙に書かれたもの――漆紙文書，紙本経など

これらを通観して見るとき，かつての金石文の範囲を超えて，文献そのものが出土していることを改めて知ることが出来る。

木簡に見られる銘より出土遺構の性格が明らかにされ，出土墨書土器によって遺跡の性格が想定された例が二・三に止どまらない現状を見るとき，考古学における出土文字の重要度がきわめて高いことを知ることが出来るのである。

とくに全国的に出土を見ている文字土器（墨書・篦書）の存在は，識字層の空間的拡大を示すものであるが，それは同時に文字を通しての行政的紐帯が意外に普遍性を有していたことを推測させる資料ともなっている。

以上のごとく展望してくると，出土文字の認識と研究は，歴史の実像をより鮮明にする役割を有していることを知ることが出来る。それは，後世に伝えられることを前提として書かれたもの，その意識とてなく必要上より記されたもの，の二者を含むものであり，時空的・階層的に多岐にわたっている考古学的資料とともに日本歴史の実態を生き生きと描写する史料として，新しい歴史観の確立に寄与することであろう。

特集●考古学と出土文字

考古学資料と文字

木簡などの文字資料は，考古学にとってどのような意義をもっているだろうか。そしてその研究はいかになされるべきだろうか

銘辞学とその周辺／木簡研究の意義／墨書土器研究の意義／文字瓦研究の方法／金石文と古代金石資料／板碑にみられる銘文の解釈

銘辞学とその周辺

平安博物館館長
■ 角田文衛
（つのだ・ぶんえ）

銘辞とは，自己を記念的に表現しようとする当事者が，その目的を意識した物にそれと不可分の事柄を誌した文詞である

1 銘辞学の概念

銘辞学は，銘辞を対象とする史料学の一部門である。と言えば，その概念や本質は明白であるように見える。しかしこの定義には，実のところ問題が多いのである。

この銘辞学という語は，欧米諸国の Epigraphy, Epigraphik などに該当しているが，その意味で銘辞学の語を最も早く用いた学者の一人は，後藤守一であって，彼は，

金石文の名は支那で最初に用いられたものであるが，或物質に彫刻・墨朱書した銘文をいふ。其の銘文彫刻に用ふる物質は主々あるが，其の重なものは金属又は石類であるから総称して金石文といふ。欧米ではこれを銘辞学 (Epigraphy) と呼んでゐる[1]。

と述べている。

中国では，銘文は主として金石に記されているため，これを金石文，略して金石と言った。有名な『孝女曹娥碑』[2]などにも，「銘勒金石」と見えている。したがって中国学界でいわれる金石学は，金属や鉱物，岩石を研究する学ではなく，銘辞学と同義なのである。

中国は，文字の国であるだけに，遺存する銘辞の数は極めて多く，ために銘辞の研究は漢代に始まり，宋代に隆昌となり，清代に至って最高潮に達している[3]。銘辞学の研究が極めて古く，旺盛であったことは，『金石書録目』[4]などを一瞥すれば明瞭であって，その点では欧米諸国の銘辞研究を凌駕している。けれども，中国の場合でも，欧米諸国の場合でも，肝腎の「銘辞（金石文）」の概念についての明確な規定は見られず，そのため学術の体系という意味では，銘辞学（金石学）の基礎は，甚だ脆弱という難を免れていないのである。

欧米学界において逸早く銘辞の概念を規定したのは，アウグスト・ベックであって，1828年に彼は，銘辞学をもって，"Kunde von literarischen Monumenten, die auf dauerhaftes Material, wie Holz oder Stein, geschrieben sind." と規定したのであった[5]。ベックが下した銘辞の概念規定は，爾来，欧米学界ではあたかも鉄則の如く墨守され，どの学者も表現こそは幾分異なりはしても，ほぼ同様な見解を表明している。

例えば，サンズは，有名な概説書である『ラテン銘辞学』において，ギリシア語の $\epsilon\pi\iota\gamma\rho\alpha\phi\eta$ に由来する Epigraphy は，耐久的な材料(durable materials)——石 または 金属のような——に記されたあらゆる遺存物を研究の対象とする学である

とみなしている[6]し，ロバーツなども，銘辞学をもって，金石の如き永久的な材料に記された記録を研究する学であると定義している[7]。トッド (Marcus Niebuhr Tod) もやはり durable material の語句を用いているのである[8]。

しかしながら「耐久的 (dauerhaft, durable)」というのは，相対的ないし程度の問題であって，好条件の下では，紙，パピルス，布，編物，木材，漆器の類も，永年の保存に堪えることは，日常われわれの見聞するところである。正倉院の場合[9]は例外であるとしても，エジプトなどでは，パピルス，織物，木製品などの出土は，極めて普通の事柄なのである。

しからば，石や金属に記された文詞は，すべて銘辞なのであろうか。ローマ帝国では，勅令の正本は羊皮紙にしたためられ，同一内容の文詞を多数の銅板に刻して副本となし，それらを諸州に伝達したが，銅板の方は「耐久的」材料であるから，それは銘辞なのであろうか。同一の内容でありながら，正本は一般文献である文書，副本は銘辞とされてよいのか。

熹平4年（西紀175）3月，後漢の霊帝は，五経を石に刻し，これらを大学の門外に立てさせた[10]。一体この太学石経[11]と木簡ないし竹簡に記された五経とは，内容の上では同一であるが，石経の方は，銘辞とみなされることとなろう。

それ故，銘辞を規定するための「耐久的」というのは，極めて曖昧で粗雑な表現といわざるをえないのである。

三宅米吉博士によると[12]，銘辞とは不朽の材料に，永久不忘の目的をもって誌された文辞を称する。この見解に従うと，「依天平十四年歳在壬午，云々」の織文のある正倉院の『最勝王経帙銘』[13]も，寛治2年（1088）7月27日付の藤原師通の願文[14]も，腐朽し易い材料に記されているために，銘辞ではないことになろう。その基本的な概念が確立されていない現状では，銘辞学の整然たる体系化は，望み難いのである。

2 銘辞と当事者

銘辞の多い中国では，沈刻の文字を款（刻銘），陽刻の文字を識（陽銘）と言い，款識の語を銘辞の意味に用いている。したがって款識学は，金石学と同義なのである。

この款識または銘辞の概念を明確にする上で示唆的なのは，当事者が「永久不忘の目的」をもって誌したとする三宅米吉博士の発想である。三宅博士が銘辞を記した当事者の動機に眼を向けたことは，高く評価される。結論を先に言うならば，「銘辞とは，自己を記念的に表現しようとする当事者が，その目的を意識した物に，それと不可分の内面的関係を前提として誌した文詞である」。原則として銘辞を記入し，あるいは記入させようとする当事者は，特定の文詞を特定の物に記入し，多くの場合，特定の場処に置くことを目的としており，文詞，物，場処は，当事者の内面において連繋している。それ故，銘辞の誌された物を他に移動させたり，銘の施された物が喪失し，銘辞のみが転写されて遺存したりする場合，当事者（製作者，製作指令者，使用者など）の意図は，全く損われるのである。それは，その銘辞が歴史学者にとって史料として重要であるかどうかとは，関係がないのである。

平安博物館は昭和57年，中エジプトのアコリス遺跡 (Akoris) のネロ神殿参道において第23王朝のオソルコン三世 (Osorkon III, 777～749 B.C.) の奉献銘が刻された石碑を発見した。この銘は同王が同地に存したアメン・ラー神殿に油を奉納したことを証示しているが，その第9行目には，

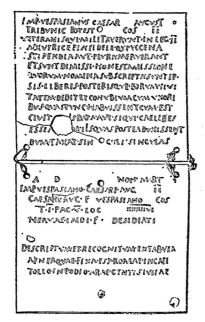

図1 ローマ帝国ウェスパシアーヌス帝の勅令
（銅板）（西紀70年，レッジナ出土，ナポリ博物館所蔵）

（この石碑を移動さす者，その人はアメン・ラー神の虐殺に捧げられ，セクメント女神の女王陛下の炎に捧げらるべし。）

と記入されている[15]。つまり，本碑を他に移すならば，奉献銘を記入した石碑を建立させたオソルコン三世の目的ないし意図は損われるのである。

有名な『好太王碑』は，好太王の歿後2年（414），高句麗国の首都・輯安の東郊，王の陵の近傍に建てられたものである。これは王の勳功を詳しく記載した頌徳碑であって，東アジア最大の石碑である（6.34m）。もしこれを平壤に移建したとするならば，それを建立した長寿王の意図に背く結果となるのである。

ポンペイの『悲劇詩人の家』（Casa del Poeta tragico）の玄関の床には，モザイクをもって鎖に繋がれて吠えている犬が描かれ，その下方にCAVE CANEM（犬に御注意！）と誌されている[16]。この銘辞を他の部屋に移したとすれば，この家を建てた主人の意図は，無視されたことになるのである。

つぎに銘辞を帯びた遺物を見ると，被葬者の名を刻した墓碑などは，最も注意される。アテナイ，ディピロン門外のケラメイコス墓地で発見された「ヘゲソーの墓碑」は，頗る有名である。大理石製の墓碑（前4世紀初頭）には，浮彫の手法で，軽羅を纏い，四脚の椅子に腰かけた妙齢の乙女が婢の捧げる小函から鎖を取ってじっと眺めている光景が描かれている。そして墓碑の上縁には，

ΗΓΗΣΩ ΠΡΟΞΕΝΟ（プロークセノスの娘ヘゲソー）

と刻されている[17]（図3）。明らかに美しい愛娘を喪った親達が永遠の追憶のために，娘のありし日の愉しい日常生活を描いたものである。この場

図3 ヘゲソーの墓碑（アテネ市ケラメイコス墓地発見，アテネ考古学博物館所蔵）（発見地には模造の碑が建っている）

図4 溝文匜の銘（上海博物館所蔵）

合，銘辞と墓碑は不可分に密着し，両者を分離することは，親達の意図に反することとなるのである。

図4に掲げたのは，上海博物館の青銅製の溝文匜（こうもんい）（春秋時代前期）に刻された造作銘であって，「齊侯乍（作）虢孟姫良女宝匜，其萬年無彊，子孫永宝用。（齊侯が虢国出身の夫人孟姫（せいかく）のために礼器に使う匜を作った。子孫は，後世まで宝として用いよ。）と判読される[18]。この銘も，匜から分離できないものである。また古代ギリシアの黒絵式，赤絵式の陶器には，しばしば「……ΕΠΟΙΗΣΕ（誰々これを作れり）」，「……ΕΓΡΑΨΕ（誰々これを描けり）」と言った墨書銘が見られるのである。また正倉院御物の伎楽面には，「天平勝宝四年四月九日」の紀年銘を有するものが15口存している[19]。これは，4月9日の大佛開眼会に用いられたことを語る使用銘であって，もとより当該伎楽面と不可分の関係を有するものである。

以上によって銘辞の概念や本質は，ほぼ明白になったと思うが，最後にもう一例だけ挙げておき

図2 ポンペイ≪悲劇詩人の家≫玄関の床のモザイク

図5 磔刑の戯画（ローマ・パラティヌス丘パエダゴギウム発見，3世紀前半）（国立テルメ博物館所蔵）

たい。それは，ローマ，パラティヌス丘，パエダコギウム（Paedagogium）（養成所）の壁面に刻された戯画に付されていた一文である[20]（図5）。それは，頭がロバで，奴隷などの用いる粗末なシャツを着，巻脚絆を脚に巻いた人物が磔刑に処されている光景であって，そこにはギリシア文字で次のような文詞が刻されている。

Υ ΑΛΕΞΑΜΕΝΟΣ ΣΕΒΕΤΕ ΘΕΟΝ

この文詞の意味については少しく問題もあるが，「ひゅうっ！アレクサメノスは，（こんな恰好の）神を拝んでいるぞ！」と訳される。明らかにこれは，磔刑に処されたキリストを礼拝しているアレクサメノスを揶揄した戯画と文詞である。言うまでもなくそれは，戯画に対する説明文であって，それは画と不可分である意味において明白に銘辞なのである。そう言えば，楽浪発見の彩篋の周りに描かれている人物の画像毎に「呉王，侍朗」，「美女，皇后」というふうに記された榜記[21]なども，各画像と不可分の説明的な銘辞とみなされるのである。

3 古銭学・印章学との関係

総じて文献は，当事者（作者，製作者，製作指示者，執筆者，所有者，奉献者，使用者等々）の意図如何によって二つの種類に大別される。第一は一般文献であって，文詞の所在地を変えても，転写しても——そこに誤写がない限り——当事者の意図も，文詞のもつ効果も損われないものである。『大宝令』，『源氏物語』，『長恨歌』，『ミリンダ王の問い』（Milindapañha），『女の議会』等々は，これを転写ないし印刷しても，当事者（作者，編者，制定者等々）の意図は阻碍されない。また例えば，小プリニウスの書翰[22]なども，用紙，所在地の如何に拘束されていないから，一般文献の部類に編入されるのである。

一方，第二の部類は，特殊文献であって，それは文詞と器物ないし物体とが不可分の関係で結ばれているか，文詞と所在地とが不離の関係をもつ銘辞のことである。前者の場合，文詞が必ずしもその物体に記入されていなくともよい。平城宮址その他で夥しく発見されている木簡の多くは，物品に添付された標札であって，差出人，送人，納入者，数量等々が記されており，まさに銘辞と認められるのである。

現代においても，銘辞はわれわれの周囲に氾濫しているのであって，表札，表識は勿論のこと，受付，応接室，お手洗，一時停止，徐行と言った文詞や路標，看板などに記された文字は，場所に関聯した銘辞である。物に記入ないし添付されている銘辞としては，名刺，各種商標，ラベル，紙幣，郵便切手，数量表示，車のナンバー・プレートなどに見られる文字，数字や作者名，所有者名，会社名，船舶名（××丸のような）等々が容易に想起されよう。人間が並んで作る人文字は，その一過性の故に未完成の銘辞とみなされる。もしこれを写真その他の方法で固定すれば，それは立派な銘辞となるのである。

一般文献と特殊文献（銘辞）とは併存する場合が少なくない。例えば，本誌の表紙（『季刊考古学』，『第18号』），背文字，奥付は銘辞である。本文は一応，一般文献であるが，後者に関しても，表題

図6 《センバツ》，《44》を表わした人文字（甲子園球場，昭和47年3月26日第44回選抜高校野球大会）（毎日新聞社提供）

や筆者名は銘辞なのである。それ故，『五月一日経』を例にとるならば，本文は一般文献，表題と光明皇后の跋とは銘辞とされる。大部分の書籍について言えば，表題（題箋）は銘辞，本文は一般文献である。

宋代から清代にかけて中国では銘辞を集成した書物が数多く上梓されている。ところがそれらの銘辞が施されていた器物の多くは，所在を失ったり，行方不明になっており，その意味では「嘗て銘辞であった文詞」となっており，史料性はかなり減点されるのである。

周知のように，沈刻の銘辞には，追刻や偽刻が少なくなく，慎重な取り扱いが必要である。これに対して陽刻の場合は，銘と器物とは同時鋳出であるから，偽銘，追銘は存しない。しかし陽刻の紀年銘のある遺物の場合には，その遺物が必ずしもその年代の製作とは断定されない。「和銅開珎」をその銭文からすべてが和銅年間の鋳造と認めることは，浅慮に失する。最近，話題に上っている福知山市の広峯 15 号墳から出土した魏の「景初四年」銘の盤龍鏡は，辰馬考古資料館にも 1 面所蔵されているが，これを卑弥呼の頃に中国で製作されたなど速断することは出来ない。まして魏には，景初 4 年という年号はないし，また鏡銘自体にも疑問があるのであるから，「景初四年」をそのまま素朴に信用する訳には行かないのである。

銘辞の概念や本質を周到に考察した上記の論述によって，銘辞学の概念も自らに明らかになったと思う。そこで提起されるのは，銘辞学と古銭学（Numismatik），印章学（Sphragistik）との関係の問題である。貨幣には，原則として文字が鋳出されており，その点ではその文詞は銘辞の一種類とされる。ただ貨幣は，纏まりのよい，特別な領域を保有しているから，学史の上でも，また効果の上から言っても，銘辞学の中の独立した一部門と認められている。この意味での古銭学の設定は，実際的，便宜的であり，それが研究の障害となるとは考えられない。

中国では，印章学の研究は宋代に始まり，清代に至って隆昌を極め，様々な印譜が刊行された。どの文化圏でも印章学の研究は，印璽の形態学的研究よりも印文のそれに傾く傾向があった。古代オリエントの円筒状印章の場合にも，やはり印文に重点が置かれた。印章の印文は銘辞であるけれども，円筒状印章や指環印章（Siegelringe）には，

象徴，略字，守護神の像などが彫られることが多く，それらは銘辞学の対象とはならない。印章学は，銘辞学と密接に関連してはいるけれども，史料学の一部門として独立させた方が実際的であるし，理論的にも適切であると言えよう。

註

1) 後藤守一『日本歴史考古学』（東京，1937）5 頁

2) 『孝女曹娥碑』の本文とその評釈は，黄公渚『両漢金石文選評注』（上海，1935，51〜56 頁）に見られる。なお，曹娥については『後漢書』列伝第 74 列女，参照

3) 中国における金石学の研究史については朱剣心『金石学』（上海，1940 初版）12〜63 頁に要領のよい記載がある。

4) 『金石書録目 付補編』（東京，1963）

5) Boeckh, A., *Corpus Inscriptionum Graecorum*, Vol. I (Berlin-Leipzig, 1828), S. vii.

6) Sandys, Sir John Edwin, *Latin Epigraphy*, 2 nd ed. (Cambridge, 1927), p. 1

7) Roberts, E. S., *Epigraphy* in : Whibley, L. [ed.], *A Companion to Greek Studies*, 4 th ed. (Cambridge 1931)

8) *The Oxford Classical Dictionary*, 2 nd ed. (Oxford, 1970), p. 394

9) 松嶋順正編『正倉院宝物銘文集成』2 冊（東京，1978）参照

10) 『後漢書』霊帝紀第 8

11) 京都市左京区の藤井有隣館には熹平の『太学石経』のうち，『礼記』を刻した断碑が収蔵されている。

12) 三宅米吉「金石文の範囲及び分類」考古学雑誌，5—12，1915（『文学博士三宅米吉著述集』下巻収録，東京，1929）

13) 註 9）本文編，6 頁

14) 石田茂作『金峯山経塚遺物の研究』（東京，1937）65 頁以下

15) 平安博物館『エジプト・アコリス遺跡発掘調査概報』1982 年度（京都，1983）参照

16) Mau, A., *Pompeii ; its Life and Art* (New York and London, 1899), p. 309

17) Rodenwaldt, G., *Das Relief bei den Griechen* (Berlin, 1923), S. 65

18) 『中華人民共和国古代青銅器展図録』（東京，1976）図版 51，157 頁

19) 註 9）本文編，17〜20 頁

20) 角田文衞「磔刑の戯画」（『ヨーロッパ古代史論考』所収，東京，1980）

21) 『楽浪彩篋塚』（『古蹟調査報告』第一，京都，1934）参照

22) Pliny, *Letters* (The Loeb Classical Library, 2 vols., London and New York, 1924〜1926)

木簡研究の意義

相愛大学教授
■ 直木孝次郎
（なおき・こうじろう）

木簡はこれまでの史料と異なって捨てて消えゆくべき運命にあったものが，後世に生きかえったところに価値があるといえる

木簡の定義はいまだ一定していない。本稿では便宜上，7〜8世紀に土中より発見された木簡を中心にして述べることとする。

このように限定しても，平城宮跡出土木簡約25,000点を筆頭に，藤原宮跡約4,000点や長岡京・大宰府・多賀城・伊場等々，全国数十か所におよぶ遺跡から多種・多様の木簡が出土している[1]。しかもそれら木簡は，三重県柚井遺跡および秋田県払田柵出土の計3点をのぞくと，すべて1961年以降に出土した古代史上の新史料である。その研究が古代史の発展にもたらす意義は絶大なものがあり，古代史のほとんどあらゆる分野において木簡の研究が進められている。美術史などは関係が少ないと思われる向きもあるかもしれないが，美術史の一環である書道史に関しては，木簡の書体・書風が貴重な史料となっている。そうした研究分野のすべてについて，木簡研究の果たした意義を述べることは私の能力をこえるし，与えられた紙面もそれを許さない。

主として私の関心を持つ問題について述べることをご了承いただきたい。

1 郡評論争と史料批判

戦後，木簡研究の幕を切って落したのは，1961年1月，平城宮跡における41点の木簡の発掘である。その木簡の中には，天平宝字6年（762）ごろの孝謙太上天皇と淳仁天皇との対立の史実を傍証するものが含まれ，学界の注目を集めたが，それから5年後の1966年から1967年にかけて，藤原宮跡から出土した木簡は，戦後古代史学界の大きな論争であったいわゆる郡評問題を一挙に解決し，木簡が史料としてきわめて高い価値を持つことを，広く世に示した。

郡評論争とは，大化2年（646）に発布されたと『日本書紀』にみえる「大化改新詔」には，郡の制度に関する規定があるが，①それを史実と認めるか，②『日本書紀』の潤色であって，大化・白雉のころに施行されたのは評制であったとする意見の対立であるが，②の論者でも，評制から郡制への転換は，②-a 浄御原令の頒布された持統3年（689）とする説と，②-b 大宝令の成立した大宝元年（701）以後とする説とに分かれ，容易に結着がつかなかった。ところが前記の藤原宮跡出土木簡には，つぎに示すように文武3年（699）に当る己亥の年紀を持つものをはじめとして，「評」の記載をもつものが多数存在した。（うち3点を示す[2]）。

○己亥年十月上捄国阿波評松里
○□妻倭国所布評大□里（野カ）
○□□評耳五十戸土師安倍（三方）

さらにその後の調査では，文武4年（700）に当る「庚子年」の年紀をもち「若佐国小丹生評」（若狭国遠敷郡に相当）の記載のある木簡が出土する一方，表に「尾張国知多郡」，裏に「大宝二年」の記載のある木簡が出土し[3]，大宝令制以前は「評」制，大宝令施行後「郡」制となることが確認された。

このことは「大化改新詔」には大宝令制にあわせて潤色が施されていることを明らかにしただけではない。『日本書紀』にみえる約130箇の「郡」の字——大化2年以後でも50箇以上——も，6世紀後半に朝廷が外交・内政のために難波と筑紫に建設した施設と考えられる大郡・小郡を除いて，すべて『書紀』編者の潤色の文字と断ぜざるを得なくなる。さらに『続日本紀』においても，大宝元年以前の文武元年条から同四年条までに見える10箇の「郡」字も同様である。従来，原史料に基づいた実録的部分と考えられていた『書紀』の天武・持統紀だけでなく，『続日本紀』にも編者による史料の改作が行なわれていることが判明した。『書紀』『続紀』の取り扱いに，より一層の慎重さが要求されるわけだが，木簡研究の大きな成果といわねばならない。

2 浄御原令制と五十戸一里制

郡評論争の問題を史料批判の観点から述べると

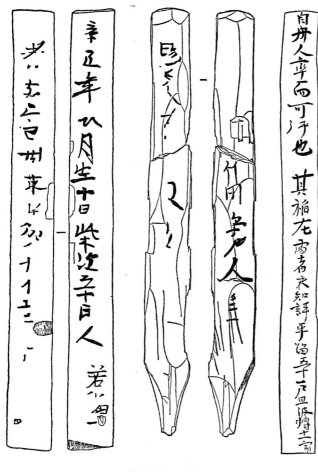

「五十戸」の木簡
(左から静岡県伊場遺跡，同遺跡，滋賀県森ノ内遺跡出土)(縮尺不同)
(『伊場遺跡発掘調査報告書』第一冊および中主町教育委員会提供)

以上のようであるが，制度史の観点からみると，評木簡の出現は，いままでまったく不明であった飛鳥浄御原令の一端が知られたことでもある。いうまでもないが，藤原宮の存在した17年のうち，前半8年は浄御原令施行期であるから，藤原宮出土木簡のうちには浄御原令制にもとづいて書かれたものがあり，それから幻の浄御原令を復原することは可能なはずであると，学界は藤原宮の木簡に深い期待を寄せ，評木簡はその期待に答えるものであった。

現在までのところ，残念ながら浄御原令復原に役立つ木簡はそれほど多くはない。それでも官制については，

〇九月廿六日蘭職進大豆卅□

の木簡に「蘭職」という大宝令制にみえない官司名がみえるのを始めとして，「塞職」「宮守官」[4]，「陶官」「□舎人官」[5] などが知られる。蘭職は大宝令制の園池司，以下塞職は関司，陶官は筥陶司，□舎人官は左右大舎人寮の，それぞれ前身官司かと思われる（宮守官は衛士府の前身かとも思われるが，確かでない）。官制全体の構成は，浄御原令と大宝令とは似ているのであろうが，個々の官司名にはかなりの差があり，少なくとも大宝令制にみられる官・省・職・寮・司といった官司の規模の大小を区別する称呼は，浄御原令制にはまだ成立していなかったようである。

かつては大宝律令の成立を記した『続日本紀』の大宝元年(701) 8月3日条に「大略，浄御原朝廷を以て准正と為す」とあることなどから大宝・浄御原の両令はかなり類似していたとする考えが有力であったが，上記の木簡の示すところからすると，再検討が必要である。

しかしその一方で，大宝律令に定める五十戸一里の制が，浄御原令成立の以前からすでに存在することを示す木簡も知られている。それは浜松市伊場遺跡出土のもの[6]で，

〇□□年□月生十日柴江五十戸人　若□
　　(辛巳カ)　(正カ)

とある（木簡の裏面の記載は省略）。辛巳年は天武10年(681)，柴江五十戸はのちの遠江国敷智郡柴江郷の前身と思われる。また年次不明ながら，同じ伊場遺跡から，

〇竹田□□□□□
　　(五十戸人カ)

と読める木簡が出土し，藤原宮跡からは「□□評耳五十戸」[7]と記した木簡が出土している。前者は
　　　　(三方)
遠江国敷智郡竹田郷，後者は若狭国三方郡弥美郷の前身であろう。

五十戸一里制の起源は，郡制を定めた大化2年の大化改新詔にみえるが，前述の郡評問題以来改新詔に対する疑惑が強くなり，五十戸一里制の成立期は再検討されつつあった。上記木簡の出現はこの問題に確実な拠り所を与えるものであったが，1975年に飛鳥京跡から出土したつぎの木簡は，この問題の研究をさらに発展させた。

(表)白髪部五十戸
〇
(裏)𪘂十口

この木簡には年紀がないが，同じ地点・同じ層位から一括出土した木簡のなかに，大化5年から天智3年（649～664）まで15年間に施行された冠位に属する「大花下」と記したものが存し，おおよその年代が判明する。五十戸一里制の成立は斉明朝ないし孝徳朝までさかのぼる可能性が生じたのである。伊場遺跡出土の木簡に「五十戸造」という氏姓のみえることも，この見解を支持する[8]。

これらの木簡が出土する以前は，五十戸一里制の施行は早くみても庚午年籍の造られる670年以降で，改新詔にみえる五十戸一里制の規定は造作の疑いが濃いとするのが学界の大勢であったが，その見解は修正を迫られるのである。もちろん白髪部が五十戸でまとめられていることと，五十戸一里制とは次元がちがうという解釈もありうるが，大化・白雉期における評制の施行とともに，このころ地方制度に関する何らかの改革が行なわれたことは認めなければなるまい。

このことは郡評問題が大化改新詔に関する疑惑を深めたのとは反対に，『書紀』の大化改新記事のなかには史実にもとづくものもあることを示唆する。律令制の成立過程を考えるうえで，木簡の果たす役割は今後ますます大きくなるであろう。

3 税制の実情

大宝律令の成立した大宝元年（701）以後に書かれた木簡も，律令の条文からは知りえないさまざまの事実を教えてくれる。そのいちいちを限られた紙面に網羅することはできないので，その二，三を挙げるにとどめるが，たとえば租税制についていえば，令には規定のない「贄」の貢納が広く行なわれていたことも，木簡によって知られた知見である。
○武蔵国男衾郡川面郷大贄一斗鮒背割 天平十八年一月
○紀伊国无漏郡進上御贄磯鯛八升
これは平城宮跡出土の贄木簡の例であるが[9]，藤原宮跡からも，
○上毛野国車評桃井里大贄鮎
などの木簡[10]が出土している。贄の制は浄御原・大宝両令制下を通じて存在したのである。

こうした贄のことは，『延喜式』にはかなり詳しい規定があるが，それ以前では「正倉院文書」や『日本書紀』『続日本紀』などに断片的な記載がみられるにすぎなかったのである。

租税制については，平城宮跡から出土したつぎ

の木簡[11]，
（追筆）
（表）「甲斐国」山梨郡雑役胡桃子一古
○
（裏）天平宝字六年十月
によって，租税の種目の一つに「雑役」と呼ばれるものがあることが知られる。この税目は文献には記載がなく，木簡でも上記と同じ内容のものが他に1点出土しただけで，いまのところ詳細は不明であるが，このほかにも調に関する木簡の日付から，調納入の実態を考えるとか，あるいは志摩国と若狭国の調の木簡から御食国としての両国の特殊性を明らかにするなど，税制の研究は木簡の出現によっていちじるしく発展した[12]。

また贄木簡や調木簡に記された贄や調の多種多様の品目は，贄や調の実態を示すとともに，当時の人々の食生活の一面を具体的に語るものでもあった。

4 宮城門と美濃関

はじめに記したように平城宮内から出土する木簡はきわめて多量であるが，それらの多くは木簡を使用した官衙の近くに投棄されたと考えられる。このことから食料に関する木簡の多く出土する地点の近くには大膳職もしくは内膳司，酒に関する木簡の出土地の近くには造酒司，官人の考選関係の木簡の出土地の近くには文官の人事を掌る式部省があったとする推定が可能になる。このようにして宮内における官衙の配置が明らかになったのも木簡研究の意義の一つであるが，同様の方法で出土木簡から宮城門の門号の推定も行なわれている。

現在までに木簡から知られる門号は，平城京では，「伴門」「丹比門」「若犬甘門」「小子部門」「小子門」，藤原宮では「蝮王・猪使門」「少子部門」「多治比・山部門」である[13]。これらの名号とその門の位置の多くは従来からの研究でほぼ推定されていたが，小子部門の名号は木簡によって始めて知られた。門号となっていることは，小子部という部や氏族の性格を考える手掛りともなるが，平城宮出土の小子部門木簡はつぎに示すように，個々の門の問題だけでなく，宮城門の実態と機能を考える史料ともなる。

（表）内膳司牒　小子部門司　塩一古　海藻一古　堅魚三古　息□三古
○　（宮進カ）（如件カ）
（裏）□□□□□　　　　　　　　□　　□
（真カ）
状故牒　　正六位下行典膳雀□□□「□□」

このように中央の宮城のようすのわかる木簡に対し，地方のようすのわかる木簡として伊場遺跡出土の関と駅に関する木簡を取り上げてみよう。

○（表）□　美濃関向京　於佐々□□　浜津郷□人
○（裏）□駅家　宮地駅家　山豆奈駅家　鳥取駅家

木簡の内容は，遠江国敷智郡浜津郷の人が美濃関（不破関）をこえて京に向うことを表に記し，裏には経由する駅家の名称を記したものである。判読できる駅名はいずれも参河国のものであるから，この場合，遠江国から平城京に行くのに，遠江―参河―尾張―美濃―近江―山背―大和のコースを取ったと考えられる。東海道だけを通って大和へ行くのではなく，東海道の尾張から東山道の美濃・不破関・近江を経由して山背・大和へ行くのである。当時このようなコースが利用されていたことは他の木簡からもわかり，古代の交通の実際を知ることができる。

5　むすびに代えて――木簡の史料的性格

以上は何度もくりかえすが，木簡によってわかることのごく一部である。それでも紙に書かれた史料ではわからなかった多くのことが判明する。木簡は古代研究にとって，もはや欠くことのできない無尽蔵の宝庫である。

なぜ木簡がそんなに有益なのか。それは木簡がいままでわれわれの利用していた史料と質的な差があるからである。ではどのような差があるのか。木簡は捨てて消えゆくべき運命にあったものが，この世に生きかえったところに大きな価値があるといえよう。

歴史研究の際，ふつう史料として使われるものには，典籍（史書をふくむ書物・経巻の類）・記録（主として日記をいうが，帳簿を含む）・古文書（さし出し人と受取り人のある書類・書簡）があるが，これらはあとに残すことを意識して書かれたものである。ところが日本の木簡はそうではない。紙がないか，あってもきわめて貴重であった時代なら，木簡もあとに残すことを意識して書かれる。木簡を紐や糸でつないだ冊書は中国各地で出土しているが，それらは後世に残すために書かれた木簡である。しかし日本ではそのような冊書は出土していないし，伝存するものもない。きわめてまれな例

外を除くと，日本では木簡は原則として紙の補助に用いられ，用が終ると必要事項だけ紙に転写して捨てられた。

なかには門鑑・過所（関所手形）・当直表など木の特性を利用した木簡があるが，これらも用ずみになれば廃棄される運命にある。

紙に書かれた文献を表の史料とすると，木簡はいわば陰の史料である。文献には建て前が書かれているのに対し，木簡には本音が書かれているともいえよう。そこに木簡のかけがえのない価値がある。はじめに述べた『書紀』の「郡」は建て前，木簡にみえる「評」が本音である。

もちろん紙に書かれた文献からも，古代人の本音をうかがうことはできる。しかしなまの形でそれに接しうるのは，「正倉院文書」の余白に書かれた写経生の落書きなどごく限られる。木簡では，いままで述べるいとまがなかったが，下級官人の落書きを含む習書木簡とよばれるものがかなり多量に出土し，彼らの生活の実態にふれることができる。しかしもはやそれについて論ずる余裕はない。読者の寛恕をねがって筆をおく。

註

1)　木簡学会年報『木簡研究』（既刊8冊）参照
2)　奈良県教育委員会『藤原宮跡出土木簡概報』1968
3)　奈良国立文化財研究所『藤原宮木簡』一，1978
4)　註3)に同じ
5)　奈良国立文化財研究所『藤原宮木簡』二，1979
6)　浜松市教育委員会『伊場木簡』1976
7)　奈良県教育委員会『藤原宮』1969
8)　直木孝次郎「五十戸造と五十戸一里制」竹内理三編『伊場木簡の研究』所収，東京堂出版，1981
9)　奈良国立文化財研究所『平城宮木簡』一，二，1966・1974
10)　註2)に同じ
11)　註9)の一
12)　東野治之『木簡が語る日本の古代』岩波書店，1983
　　狩野　久「御食国と膳氏―志摩と若狭―」『古代の日本』5，角川書店，1970
13)　奈良国立文化財研究所『平城宮発掘調査出土木簡概報』14，15
　　奈良国立文化財研究所『平城宮木簡』三，1979
　　註3)に同じ
　　奈良国立文化財研究所『藤原宮出土木簡』4，5

墨書土器研究の意義

大正大学名誉教授
■ 斎藤　忠
（さいとう・ただし）

墨書土器は年代の考定に役立つこと，土器の名称・用途，遺構
の性格，人名・地名が知られるなど，多くの役割があげられる

墨書土器は，木簡とともに戦後の新しい考古学の発展にともない，にわかに視点の向けられたものである。墨書土器が，各地の古代遺跡を中心として検出された量は，まことに尨大なものであり，その整理と，文字の集成と，出土遺跡の地名表の作成とが要望される。ここには，これらの資料が考古学や古代史の研究に，いかなる役割を果たしているかについて，10項目に整理して考えてみたい。

1　墨書土器研究はいかなる役割を果たすか

（1）　土器の絶対年代の考定に役立つこと

土器の年代の考察は，須恵器にせよ土師器にせよ，あるいは灰釉陶器といわれているものにせよ，形式による編年的な序列の組成の上から試みられることが普通である。しかし，もし，この土器に，年月などが記されていたならば，土器の年代を的確に定めることができ，これを基準として，他の諸形式の土器の先後関係も明らかにされる。もっとも，その資料は少なく，稀に発見されたとしても，秋田城跡出土の土師器の坏に見られる「□□六年二月十□」云々のように，肝要な年号の判読に困難なものがあるが，平城宮跡出土の土師器の皿に「天平十八年潤九月廿七日□□」云々とあり，奈良・西隆寺跡出土の須恵器坏に「神亀□年」とあることなど，重要な資料となる。

（2）　土器の名称が明確にされること

土器に，皿・坏・盤・高坏・埦・壺・坩・瓶・甕・瓮などの考古学上の名称が付せられている。その多くは，『延喜式』『倭名類聚抄』などに見えるものを，そのまま使用している。これらの古典に見える名称と関連して考証した研究には，早く三宅米吉博士の「上古の焼物の名称」（『考古学会雑誌』1ー9・12，明治36年）などがあるが，直接，その器名を記した墨書土器がある場合は，当時の人びとが，その使用している土器を，どのような名で呼称していたかを明快に知ることができる。たとえば油坏（千葉・真間遺跡），酒坏（平城宮跡，栃木・多功廃寺跡など）や䀋盤（平城宮跡）のような墨書である。盤については，三宅米吉博士は，前記の論文の中で「物を盛るに用ふる浅き器にて坏に似て坏よりも浅く又大なるもの多く云々」と述べており，「内膳式」には洗盤，「大膳式」には陶高盤・大盤などの名があるが，土器にほどこされている名称は，そのものを明確に示しているのである。

（3）　土器にどのようなものを盛ったり容れたりしたかがわかること

容器としての土器は，当然飲食物や油などを盛ったり入れたりすることが最大の目的である。もっとも，土器自体が祭事などに一つの機能を果たすこともあるが，多くの場合は，容器そのものである。よく誤解されることは，墓前域などに土器が発見されたりするとき，土器を供献したとする点である。本来は，飲食物を供えたのであり，土器はその容器に過ぎない。しかし，この容器に，実際どのようなものを納めたかは，飲食物などが消失しているため明らかでないことが多い。土器の墨書には入れた品名を明らかに記しているものがある。たとえば前記の油坏・酒坏などは坏の用途を知ることができる。下野国府跡から発見された土師器の坏には，その体側面に「粥」の文字があり，粥を入れたことがわかる。また，この遺跡からは「国府氷」の文字のあるものが発見され，氷に関係したことがわかる。「氷」の1字のものは平城宮跡からも発見されている。その他，「水」（平城宮跡，奈良・西隆寺跡），「汁清」（平城宮跡），「米」（平城宮跡），「酢」（同），「清菜」（同）などがあるが，特殊な例として，「鳥坏」（平城宮跡）のように，鳥の餌を入れたとみなされるもの，「禾灰」（秋田・脇本遺跡）のように藁灰を入れたとみなされるものもある。「禾」の1字だけのものも，同じく秋田・脇本遺跡から発見されているが，これも禾灰の器であることが知られる。

（4）　墨書土器により遺跡や建物跡などの性格を知ること

発掘によって顕現された建物が，どのような性

格のものか，また，その周辺に，どのような機能をもつ建物が考えられるかについては，その判定に困難なものが多い。さらに諸建物群が検出されている遺跡そのものの性格も明らかにされないものがある。また，ある程度判断の可能なものでも，決め手を欠くこともある。墨書土器の文字は，このような場合，その性格を明らかにする貴重な資料となる。これらの例について，各項目にわけて述べよう。

①遺跡の性格をより明確にするもの　国分僧寺あるいは国分尼寺の跡と考えられているものでも，墨書土器の文字によって，これを確証する決め手になるものもある。たとえば，常陸国分尼寺跡において「法華」の文字のものが出土し，下総国分尼寺跡において「尼寺」とあるものが出土して傍証されていることなど，それである。

②遺跡の性格の不明な場合，これを明確にするもの　静岡・御子ヶ谷遺跡において，「志太少領」「志太少領殿」「志太領」などの墨書土器が多数発見され，また「志太厨」の例も検出され，志太郡衙に関係あるものであることが考えられた。静岡・伊場遺跡において「郡鎰取」（ぐんかぎとり），「布知厨」などの例とあわせて「栗原」「駅長」「馬長」などの例が発見され，敷智郡衙と栗原駅との所在を考える上の有力な資料となった。茨城・鹿島町神野向遺跡において，「鹿島郡厨」または「鹿厨」の例があり，鹿島郡衙に関係あることが考えられた。「布勢駅家」（兵庫・小犬丸遺跡）「日根駅家」（静岡・坂尻遺跡）もまた駅家の存在を示している。

③遺跡の内部やその付近に特殊な建物のあることを考えしめるもの　検出された遺跡あるいはその周辺の関係遺跡には，きわめて複雑なものがあり，にわかに判断の許されない性格のものも含まれている。墨書土器の文字は，この問題に対しても，新たな示唆をあたえる。たとえば，宮城跡・城柵跡・宮衙跡やその他の遺跡から，しばしば「厨」の文字のものが発見されている。しかも，秋田城跡からは「官厨」「官厨舎」「政厨」など多種のものの発見があり，他に「主厨」（長岡京，秋田・脇本遺跡），「新厨」（茨城・堀ノ内遺跡）などもあり，「志太厨」（静岡・御子ヶ谷遺跡），「布知厨」（静岡・伊場遺跡），「鹿島郡厨」（茨城・神野向遺跡）など，郡名を付するものもある。「厨物」（京都・太田鼻東横穴群）も，厨に関係したものであろう。

また，栃木・小松原遺跡から「厠」の文字があり，厠の建物に関連したものであろう。なお，平城宮跡からは「内厠」の例が発見されている。

④建物などの特殊な名称を知るもの　殿舎その他の建物の名称は，文献の上からも知ることができるが，墨書土器の文字に見られる建物関係の例は，恐らく当時，関係者によって用いられていた慣用語でもあったと思われ，これらにより，殿舎名などの研究に妙味の覚えられるものがある。「春宮」（長岡宮），「内裏盛所」（平城宮跡），「侍従所」（長岡京跡），「給服所」（同），「政所」（秋田城跡），「酒所」（同），「勅旨省」（平城宮跡），「縫物所」（同），「塩殿」（同），「楽所」（同），「羹所」（同），「鎮所」（秋田城跡），「相撲所」（平城京跡），「麻績家」（藤原宮跡），「博士館」（千葉・市川真間），「大舎人寮」（長岡京跡），「米家」（難波京跡），「矢作家」（茨城・鹿ノ子C遺跡），「遊廓」（秋田城跡），「富官家」（大阪・城山遺跡），「新家」「後家」（静岡・坂尻遺跡）などいろいろとある。この中の「遊廓」は歌舞宴曲の場であったと思われる。また「富官家」はすでに考えられているように，「みやけ」であろう。この際，福岡・駕輿丁廃寺跡で「大宅」の文字のものがある。やはりみやけに関連するものであろうか。または吉祥的なものであろうか。

なお，さきに述べた静岡・御子ヶ谷遺跡の「少領殿」は少領の住む殿舎の意味であろう。これに関連して考えられることは，伊場遺跡に隣接している城山遺跡から「少毅殿」の文字のあるものが発見されている事実である。これを少毅のための専用の土器となし，来客用のものとする説もあるが，「少領殿」とあわせ考えるとき，少毅の殿舎のものであり，この付近に軍団の存在を考えるべきであろう。その他，寺院関係においても，新たに建物の名称などを知ることができる。たとえば「講院」（長野・明神原遺跡），「知識所」（福岡・上須川遺跡），「来堂」（如来堂の略）（長野・大村廃寺跡），「往生所」（茨城・台渡里遺跡）などである。

（5）　土器にはその専用権とか建物専属にかなりの制約のあった点を知ること

墨書土器には，人名が多く，しかも，1字だけの略字のものがかなり見られる。たとえば，鳥取・伯耆国府跡からは，「人」の1字が記されている。これだけでは，意味も不明であるが，他に「人麻呂」の文字もあり，これから判断すれば，人麻呂の人名の略であることが明らかである。同

じく，各地から発見されている「千」も，1字だけでは数量をあらわしたとも考えられるが，別に千麻呂の人名の略字とみてよい。このような人名を墨書であらわすことは，この土器が自分のものであり，自分が使用するものであることを表現したものであろう。近年，静岡・居倉遺跡において「尺」の1字のものが200点以上も発見され，島田市教育委員会の渋谷昌彦氏らによって調査が進められている。これもまた人名と考えられるならば，その人の所有権を明記したかも知れない。このように，個人あるいは一家の使用権をあらわし，他人をして使用せしめない制約があったことは，平城宮跡から「弁垸勿他人者」の文字のほどこされているものの発見されていることでも理解される。一つの建物に土器を帰属させて，他との混淆をさけたりするために，その身分と殿舎とを明記しているものもある。たとえば，さきに紹介した「少領殿」とか「少毅殿」なども，その例である。また，来客専用のものとみなされるものもある。「客人」（静岡・石田遺跡）などがこれであろう。その他「饗盤」（平城宮跡）の如きも饗応用の盤であったろうか。なお，同一の建物に備え付けた土器にその番号を記したとみなされるものもある。栃木・多功南原遺跡の「厨二」の如きは，その例とも考えられ，数字の「一」「二」「三」のような番号の中にも，この種の例も含まれるであろう。このような諸例によって，文献の上からは考えることのできない土器をめぐる背景を知ることができる。

（6） 墨書土器の文字により職名・身分などを知ること

　古代における政治組織の中の職名・身分などは文献の上からも知られる。しかし「大領」「少領」「少毅」などの墨書は直接生々しい文字によって，その存在が知られる。その他，「官人」（平城宮跡），「右衛」（奈良・西隆寺跡），「左兵」（同），「右典」（同），「中衛」（静岡・御子ヶ谷遺跡），「案主」（長岡京跡，秋田城跡），「大膳」（長岡京跡），「内膳」（同），「外記」（同），「水司鴨□」（三重・斎宮跡），「見官」（秋田城跡），「調表」（大宰府跡），「舎人」（平城宮跡），「宿侍」（同），「主張」（静岡・御子ヶ谷遺跡），「郷長」（茨城・大塚新地），「馬長」（静岡・伊場遺跡）「玉郷長」（静岡・坂尻遺跡）などによって，その職名や身分・地位などに関する各種の名称のあったことが知られる。なお，藤原宮跡から「宇尼女ツ伎」

の例があり，妥女とみなされるので興味深い。

（7） 人名を知ること

　古代の人名については，文献の上から知られることはいうまでもないが，墨書土器の文字により新たに人物の実在を知ることができるとともに，人物名の多様さについても新たな知見を得ることができる。「建部友足」（秋田城跡），「奈利賣君」（藤原宮跡），「言丸」（秋田・払田柵跡），「子丸」（茨城・八幡上遺跡），「多麻呂」「中丸」（静岡・神明原・元宮川遺跡），「乙丸」（長野・中屋敷遺跡），「糯男」（長野・松島），「秦」（長岡京跡），「赤麻呂」（秋田・足田遺跡），「秋万呂」（平城宮跡），「竹地知刀自女」（静岡・城山遺跡），「人麻呂」（鳥取・伯耆国府跡），「人万」（福島・新開遺跡）などその例である。また「阿奴」（大阪・安満遺跡），「み虫め」（静岡・神明原・元宮川遺跡）なども研究上重要であろう。その他，「鞘作」（茨城・鹿の子C遺跡），「矢作家」（同）なども職掌を知る上に好資料となる。

（8） 地名を知ること

　墨書土器の文字には，郡名その他の地名のある例も多く，文献に見られるものと対比し，研究の重要な資料となる。たとえば「弟国」（長岡京跡）もその例であるが，その他，さきに紹介した「鹿島郡厨」（茨城・神野向遺跡）は，常陸国鹿島郡を示し，「布知厨」（静岡・伊場遺跡）は遠江国敷智郡を示し，「山辺」（千葉・山田水呑遺跡）は上総国山辺郡を，「寒川」（下野国分寺跡，小松原遺跡）は下野国寒川郡を示している。その他，秋田城跡発見の「秋田」「雄勝」も同様である。また「都㕝」（栃木・多功南原遺跡）は下野国都賀郡を意味する。

（9） 人びとの信仰生活の実態を知ること

　墨書土器の文字には，当時の人びとの精神生活を考える上に参考になるものが多い。次にこの問題について，3項目にわけて考えてみよう。

　①神に対する祭り　神に対する信仰を示すものに「神道」（茨城・鹿の子C遺跡），「祝家」（茨城・神野向遺跡），「神」（平城宮，千葉・須和田遺跡，静岡・神明原・元宮川遺跡その他）などのあることによっても知られる。なお，伯耆国分尼寺跡から「木本」の文字のあるものが発見されている。報告書には，伊勢神宮に神器用の木材を伐採するとき，山口祭・木本祭の行なわれたことが知られ，これに関連するものでないかとなしているが，もしこのように考えられるとすれば，やはり神に対する信仰の一面を語っている。

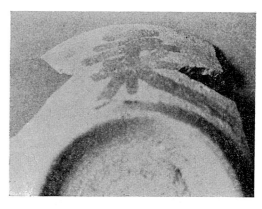
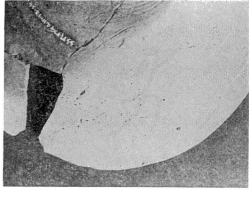
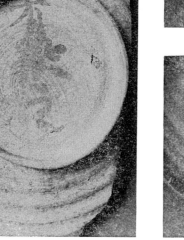
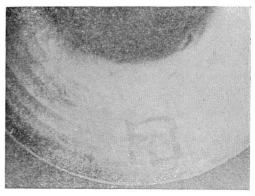

墨書の部位　静岡市神明原・元宮川遺跡出土（参考：静岡県埋蔵文化財調査研究所『神明原・元宮川遺跡』1986）

　また茨城・土師遺跡から「土師神主」の墨書のものが発見されている。報告者佐藤次男氏が土師郷の人びとの氏神を奉斎したものとなしているが、神への信仰の一面を知ることができよう。
　一方、田の神に対する信仰も「田生」（三重・柚井貝塚）、「神田」（群馬・十三宝塚遺跡）などによって考えられるかも知れない。また、井戸に対する信仰も奈良・橿原遺跡で井戸の中から「神」の文字のあるものが発見されていることなど、これを示すものである。そのほかに「大井」（群馬・十三宝塚遺跡）なども、その信仰を示すものかも知れない。
　なお、祭祀信仰に関係するとみなされるものに、茨城・小野遺跡において30個の坏に「東」「西」「南」「北」「中」の文字がそれぞれ坏の底にほどこされ、4枚ずつ重ねてあったものもあり、学的な関心の寄せられるものであろう。
　②仏への信仰　「文珠」（茨城・茨城廃寺跡）や「往生所」（同・台渡廃寺跡）など仏教に関係するものであるが、重要な事例は、秋田・払田柵跡から

29

「懺悔」の文字の例が発見されたことである。これに関連して，水野正好氏は仏名「懺悔」は12月15日から3日間行なわれた行事で，これに関係あることを述べているが（『古代史発掘』10「都とむらの暮し」），信仰生活を実際に知る上にもとくに重要な意味をもっている。他に，「偈」（長野・内田原遺跡）のような仏教用語もある。平城宮跡・長岡京跡から発見の「供養」の墨書土器も，仏教に関連したものであることは明らかである。

③吉祥的な呪的な信仰　古代の人びとが，その使用する土器に吉祥的な文字を記して，呪的な信仰のあとを語るものも多い。早くから紹介された三重・柚井貝塚における「加福」「平安」「太富」「宅安」などもその例であり，茨城・岩瀬開中遺跡の「永宝」，栃木・薬師寺南遺跡の「福饒」なども同じ例であろう。「平貴」「福敷」（京都・千代川遺跡）もこれに関係するものであろうが，「祥」（薩摩国分寺跡）もその例かも知れない。

(10) 墨書土器の文字により当時の書風を知ること

当時の書風を知るには，紙質のものに書かれた文字によることが適切であることはいうまでもない。土器にほどこされたものは，たとえ調整された土器の面であるとしても，その限られたスペースと傾斜度と粗面とにより，かなり制約を受ける。しかし，墨が土器ににじみこむ感触とざらざらとした面への走筆の心情とには一種の特異なものもあったかも知れない。これらの文字に接するとき，たとえ1字のものでも，その運筆技法に巧みさの感ぜられるものも多い。われわれは，この土器の墨書を通し，むしろ，都から遠く離れた人びとの田園生活の中の新鮮な息吹きすら覚えられる如くである。なお，これらの書風を研究し，同一人の書いたものが，どのように見出されるかを検討することも重要な課題であろう。

静岡・城山遺跡から「竹田」という文字と「望」という文字が，同一筆跡とみなされている如く，このような問題に対する今後の検討は，墨書土器の性格を知る上にも役立つであろう。また，墨書土器の文字には，習書的なものが多く，これによっても当時の社会背景の一端をうかがうことができよう。

(11) 地域文化の様相を知ること

墨書土器の文字を通じて，われわれは地域文化のあり方についても示唆が得られる。各地域の官衙跡や寺跡から，この種のものの発見される場合には，官人や僧侶などの文字に対する知識と習熟の度が示されることはいうまでもないが，一般の集落跡から発見されることが多く，この場合には，これらの集落構成，文献ではうかがうことのできない地域文化の姿相を把握することができるであろう。なおこのような究明の場合，単に墨書土器のみでなく，硯がどのように発見されているかの問題もあわせて進めるべきであろう。

なお，本文の内容は文字を中心としたが，そのほかに，同一遺跡における土師器と須恵器との墨書の関係，部位すなわち底部の外面か内面か，側面か，また側面の場合，土器を置いたとき，文字は口縁の方が上か，その反対かなど，いろいろな問題を考えなければならない。29頁の写真は，部位を示したものである。

2 おわりに

以上，墨書土器のもつ研究上の意義について，私の日頃考えている一端を述べてみた。文字の解釈に不十分のものもあり，十分に意をつくさない点も多いが，何らかの参考になり，今後，墨書土器の研究が一層前進することに期待したい。また，墨書土器の文字の集大成やその地名表の整理が研究のための喫緊の仕事であり，これは，到底一個人の力ではなし得るものでなく，多くの人びとの協力により，学会なり研究施設機関などで達成されることを念願するものである。

引用した資料のそれぞれの文献は省略するが，とくに次のような文献を参考にした。

森　浩一・辰巳和弘「古代の土器に書かれた文字集成」上田正昭編『文字』所収，社会思想社，1975

斎藤　忠「各地出土の墨書土器より見たる伊場墨書土器」『伊場遺跡　遺物編』2所収，浜松市教育委員会，1980

奈良国立文化財研究所『平城宮出土墨書土器集成』1，1983

秋田市教育委員会・秋田城跡発掘調査事務所『秋田城出土文字資料集』1984

茨城県歴史館『茨城県関係古代金石文資料集成―墨書・箆書―』1985

清水みき「長岡京の墨書土器」向日市文化資料館研究紀要，1，1986

向日市文化資料館『特別展示図録―よみがえる古代の文字―近畿出土の文字資料が語る都城・郡衙・寺院・集落』1986

文字瓦研究の方法

国士舘大学教授
■ **大川　清**
（おおかわ・きよし）

瓦に付された文字の銘記形式，方法にはさまざまなものがある。
内容的には人名や地名がもっとも多く，研究の課題は豊富である

ふるくは下級官吏を「刀筆の吏」とも別称した。わが国においては，近時木簡の出土がみられ，同時にその削りくずはおびただしい点数にのぼっている。これらは毛筆を以って木板に墨書したもので，官衙などにおける文書の下書や連絡用文書に盛んに用いられた。戦前小学校では石板を用い，紙の帳面は多用されなかった。子供のころ地面に棒切や小石でさかんに漢字を書いたりして，読めるか？　こういう字を知っているか？などといって遊んだことを想い出す。

飛鳥時代以後，ことに奈良時代から平安時代初期頃の寺院，官衙の屋瓦に文字のヘラ書されるものや，印を押したり，叩具の文様の中に組み込ませた文字などがみられるようになり，考古学，古代史学研究上重要な資料の一つとなっている。これら文字の銘記形式，方法にはさまざまなものがあるが，これらを総称して文字瓦と名称している。

そこで，これら文字瓦の銘記法，内容，意義などについて概説し，その研究例の二，三を紹介する。

1　銘記法の種類

（1）　ヘラ書文字

ヘラ書と俗に呼んでいるが，先端のとがった棒状の，いわば鉛筆やボールペン状の木竹類によって生瓦に記したものを言う。

（2）　押印文字

印を押したもので，「オオイン」または「オシイン」と発音すべきで，時に極印とか刻印と呼んだり記す人が少なくないが，少々意味が違うので気をつけるべきである。押印は生瓦の時に押した。印は陶印，木印，金属印が使われ，多くは木印と陶印であったと推考する。

（3）　笵面文字

瓦当の笵面に文様とともに文字を刻んだもので，ふるく中国では瓦当全面に文字を配したものが大流行した。わが国の場合は仏教文化の所産と

しての屋瓦であったため，当初は蓮花文系の文様が刻まれた。瓦当全面に文字を配するものは中世以降になる。笵面文字の代表的なものは奈良時代では陸奥国の蓮花文鬼瓦笵に「小田建万呂」の人名の刻まれたもの，武蔵国分寺鐙瓦中房に「父」，宇瓦に「父作瓦」など，秩父郡負担瓦を示すものである。平安時代になると都を中心に比較的多くなり，ことに官窯名の文字を瓦鐙笵の中房に「栗」，宇瓦笵中央に「小乃」などと刻んだものがあり，前者は栗栖野，後者は小野の瓦屋名で木工寮所属の瓦屋である。

（4）　叩具文字

男瓦，女瓦の叩具には，縄を巻きつけたり，格子文などを刻んだものがある。叩道具は分厚い板状のものや角棒状（カケヤ）になっていて握りが設けられているものと推考している。これらの道具に文様と同じように文字を刻んだものがあり，当時の印制による印よりも大きいので，叩具としての機能が優先されるところから叩具文字として叩道具の範疇に入れた。

（5）　指頭文字

指先で書いた文字で比較的大きな文字を記したものが多い。陸奥国分寺跡や南多摩丘陵の瓦尾根瓦屋にみられる。

（6）　模骨文字

女瓦などの模骨（型）に凹・凸の文字を刻んだもので，女瓦上面（布目面）にみられる。

（7）　墨書・朱書文字

これらは上記のものが生瓦の時点における銘記であるに反し，焼成後に記したもので，類例はきわめて少ないものである。

2　文字の内容

文字の内容については，人名，地名がもっとも多い。文書的なものが多くあったら研究上，どれほど有益であろうかと，しばしば思うのであるが，なかなか注文にかなう資料は発見しにくいし，先人は書いておかなかったようである。しか

し，それらの文字からも研究のやり方によっては
かなり重要な結果を導き出させてくれるものがあ
る。

（1）人　名

〔A〕　ヘラ書によるものが多く，押印のものは
稀である。

①姓名を記したものに，「紀臣石女」（備後宮の
前廃寺），「神主マ牛万呂」（下野上神主廃寺），
「丈マ忍万呂」（下野上神主廃寺）など。

②名のみを記したものに，「荒人」（下総国分寺），
「古尼麻呂」（下総国分寺），「毛人」（下野上神主
廃寺），「徳足」（和泉大野寺〈土塔〉），「安麻呂
瓦」（武蔵国分寺），「小栖里□」（武蔵国分寺）
など。

③行政上の「戸主」を冠した姓名に，「戸主物マ
廣万呂」（武蔵国分寺），「戸主壬生マ子万呂」
（武蔵国分寺），「戸主土師マ勝万呂」（武蔵国分
寺）など。

④地名と姓名または「戸主」をも冠した姓名
に，「荒墓郷戸主宇遲マ結女」（武蔵国分寺），
「白方郷土師角麻呂」（武蔵国分寺）など。

⑤押印地名＋ヘラ書地名＋「戸主」を冠した姓
名に，「戸主物マ廣万呂　圖印」（「白方」と小
口にヘラ書）（武蔵国分寺），「小河里戸主□
⑭印」（常陸台渡里廃寺）など。

⑥地名の一文字と姓名または名を記したもの
に，「辛子三」（辛科郷の子三）（上野国分寺），「山
物マ乙丸」（山字郷の物マ乙丸）（上野国分寺）な
ど。

〔B〕　笵面人名のものは陸奥多賀城付属寺院跡
や同菜切谷遺跡などから発見された蓮花文鬼瓦の
脚のところに「小田建万呂」と刻まれたものが有
名である。

〔C〕　押印人名

①姓のみのものに，「額田マ」，「大伴」，「宗我
マ」，「中臣」，「土師」（山背国分寺）など。

②名のみのものに，「太万呂」，「乙万呂」，「真
依」（山背国分寺）などがあり，瓦工名ではな
かろうかといわれている。

（2）地　名

地名は多く行政上の地名で，国，郡，郷，里が
すべてといえる。国名のみが独立して銘記された
ものはないようで，武蔵国分寺から一つ「武蔵
国」と記されたものがあるが，小破片である。
「国」の下にはさらに文字が記されていたようで

あるが，そこの部分が欠失しているので国名単独
とは断定し難い。

〔A〕　郡名をヘラ書したり，押印や叩具に記さ
れたものがある。ことに，武蔵，上野，下野，陸
奥に多くみられる。それらの多くは国分寺創建時
のもので，平安時代になってからの郡名瓦は少な
く，国内全郡にわたることがない。

〔B〕　郷名の押印やヘラ書のものは武蔵国分寺
に多く，ことに人名⑤の銘記形式は武蔵国豊島郡
居住者と認定できるものが多く，地名ヘラ書，押
印の併記がなくとも筆跡の面から同郡居住者の戸
主層と認定できる。

（3）所　属　名

屋瓦の所属名には2種ある。瓦屋（生産）と使用
所（消費）である。

瓦屋名を笵面や叩具に刻んだ例としては，平安
時代になると多くみられるようになる。平安宮の
小野・栗栖野瓦屋にみられる「栗」「小乃」など
が瓦当面に刻まれていたり，「木工」の押印，大
宰府周辺の「平井」「平」，叩具の「平井瓦屋」な
どは著名である。

使用所，つまり寺院や官衙などの場合で，その
寺や役所名を銘記するもので，ふるくはヘラ書で
「川原寺」と記されたものがあるが，これらもど
ちらかといえば，奈良時代末期から平安時代に多
くみられる。

下野の「薬師寺瓦」「大慈寺」「国分寺」などの
叩具文字はよく知られている。最近では名称の不
明であった寺跡が文字瓦によって明確になった例
がある。上野山王廃寺が「放光寺」，常陸新治廃
寺から「新治寺」，同じ常陸の台渡里廃寺が「徳
輪寺」であることが判明した。ことに地方豪族に
よる氏寺などは，その地域の「大寺」と呼ばれて
いて，ヘラ書で「大寺」などとあるが，これらの
呼称は一般的に地域民による呼称であったと解し
得よう。

（4）文書的ヘラ書

解文の記された半折女瓦が武蔵国分寺から発見
されている。その片われは未だ世上にあらわれ
ず，土中か，個人の所蔵品の中にあるかも知れな
い。ヘラ書の内容は，

　秩父郡瓦長解　申□

　右件瓦且進里□

　申以解□

で，本文の最終文字「里」は行政上の「里」とも

考えられる。いずれにしても秩父郡に瓦担当の長が居って造瓦の事務を管掌していたことは明白で，国分寺造営事業の郡に課せられた内容の一つを明示するものであるとともに，武蔵の場合，国内全郡の郡名や郷名の一部，時には豊島郡内にみられるような多くの人名の存在から，屋瓦供出が税制の負担体系を援用したものであることを推測させる。そういった意味からも，この解文瓦の存在は価値高いものである。

相模国千代廃寺と呼ばれる寺跡から出土した2片の女瓦には，それぞれ同一の文字が記されていた。いまこの2片を合成すると「石田一斗加沙八升」と記されている。これは粘土と砂の混合が「延喜木工寮式」の作瓦の条に記載されているものに類するもので，石田の土1斗と砂8升を加えたことをメモしたものである。加えられる母体の粘土の量が，どの程度のものであったかは明らかにできないが，遺物である瓦の感じからは式の規定による瓦に類するもので，式の場合は，「以沙一斗五升　交埴四百斤」とある。石田1斗と砂8升を埴と混ぜると解すれば，式の規定に近いもので，400斤前後の埴に混ぜたのであるやも知れない。そのことをメモしたものと考えてよい資料であろう。

（5）　紀年・数値

年月を叩具に刻んだものに筑前国分寺の「天延三年七月七日」というのがある。天延3年は975年，なぞめいた年月日である。また，天平産金で有名な陸奥国黄金山神社からは瓦製宝珠に「天平□」，男瓦片に「天平□□」とヘラ書されたものが発見され，天平の次に数字が入るのか，それとも元号の一部が入るのか，これまたなぞを秘めている。

3　文字瓦の研究例

以上，文字瓦について概略を述べたのであるが，文字瓦研究の第一は，その瓦の出土状態を把握する。つまり，その瓦の所属年代を遺跡とともに決めることが大切である。瓦屋の場合も同様に新旧を決める。第二に文字を読む。拓本や写真撮影を行なう。読みにくい文字は何度も筆跡をなぞり，偏や旁を丹念に分離し，偏と旁の類似の文字とを比較する。また異体文字のことも留意する。ことに布目のところに書かれたもので，細字であったり，いくらか乾いた時に銘記した文字は充分

に注意して筆跡を追うことである。また，粘土を押してみるのも一つの方法である。

そこで，瓦に押印をはじめ，文字をヘラ書することは，何を目的としたのであるのか。

第一はどこで記したり押印したか。これは瓦屋であることに違いない。

第二に誰が，何のためにである。何のためと誰がとは，比較的関係を具体化することができる。武蔵国分寺屋瓦の人名瓦の多くが豊島郡居住民であり，多くが戸主と考えられ，その筆跡からも数人の能筆者によって記されていることがわかる。また，筆者によっては同一人に戸主を冠した書き方をする者と，戸主を省略する者とがある。

人名をはじめ，郡，郷名などの銘記の効用は那辺にあったか。この問題は，須恵器などのヘラ記号やヘラ書文字と同じように焼成までは何らかの必要が存在したが，窯出し後にはその効用は薄れてしまい，無意味になる場合が少なくない。奈良時代において武蔵国分寺，下野国分寺系の瓦屋とその消費地にみられる。つまり，窯詰までにおける仕事量が一つの重要な意味をもったであろう。

武蔵の郡名中で，新羅郡に相当するものがない。このことは，同郡の設置が天平宝字2年（758）であるから，武蔵国分寺の落慶はこの年以前であるといえる。郡名の文字には異体文字や現地名と異なる文字が使われたり，文字の用い方に年代的違いを背景にしていることがあるようで，埼玉郡の場合，「前」「前玉」「埼」が用いられ，神亀3年（726）には「前玉」とあり『延喜式』には「崎玉」とある。「比企郡」の「企」は「仚」を用いるものが多かった。「幡羅郡」の「幡」は木偏の「橎」を用いている。「賀美郡」の場合は「加」「加美」としている。「那珂郡」は「那」「珂」「中」が，押印，ヘラ書され，2点に限って「那珂郡那珂郷□」と記したものがある。「橘樹郡」の「橘」は「楠」を用いている。

下野国分寺では国内9郡のすべてに押印，ヘラ書のものがあり，押印の文字にも数種がある。例えば「都賀郡」の場合，「都可」「都」が用いられ，「安蘇郡」の場合には「安宋」「安」「宋」など押印，ヘラ書の場合も文字の画数の少ないものや音の共通した文字を用いる傾向がみられる。

郷名については，高山寺本，元和古活字本のいずれの『和名抄』にも武蔵国豊島郡の「白方郷」は見あたらず，「占方郷」と記されている。さら

図1 文字瓦の例 1:「川原寺川原寺」 2:「古尾麻呂」 3:「紀臣石女」 4:「薗田一斗沙八升」 5:「天平□」 6:「群有」 7:「橘瓦」 8:「父」 9:「栗」 10:「荒人」 11:「企」

にもう1郷「男衾郡多留郷」と『和名抄』にあるが，国分寺出土の塼にはヘラ書で「男衾郡留多□」と記されている。このように，古代の地名研究上重要な書物である『和名抄』の郡郷部の誤記を訂正することにも役立つのである。

また，武蔵国分寺の文字瓦の中に「余戸」が3点ある。共に同一筆跡である。この「余戸」が何郡に属したものか明らかでない。平城宮出土の木簡に「武蔵国男衾郡余戸里大贄鼓一斗　天平十八年十月」(「木簡―404」)とあって，文字瓦の「余戸」は高山寺本では「横見郡」に「余戸」が記され，他郡には見あたらない。平城宮木簡の「余

34

戸」は天平18年で，これより以前の国分寺建立当時を天平13,14,15年頃と仮定すると文字瓦の「余戸」は，横見郡に存在したのか，男衾郡か定かにはできない。しかし，元和古活字本には男衾郡には余戸郷の記載がみられないが，武蔵国21郡中余戸郷の所在した郡は11郡に達している。高山寺本では21郡中横見1郡のみである。余戸は人口増加の結果であり，横見郡内郷名銘記のものはなく，男衾郡内では先出の留多郷のヘラ書があり，郷名銘記は男衾郡に例があり，さらには後の承和年中，男衾郡の大領による国分寺焼失塔の再建を願い出るが如きは，その経済性（人口増大）といったものが背影に秘められていたと解し得よう。つまり文字瓦「余戸」は平城宮木簡の「男衾郡余戸里……」と承和年中の同郡大領の造塔経費負担は有機的つながりをもったものとも推考し得るであろう。豊島郡の郷名についても「占方」を「白方」に訂正するだけで，国分寺文字瓦の郷名や人名と一致するものである。

文字瓦の多数発見される武蔵国分寺における研究は，郡，郷，人名がその中心であり，ことに人名銘記法は調庸物品に銘記する方法に類するもので，その性格についても同類に考えることもできる。つまり，作瓦の負担が国内居住民，わけても戸主層に課せられ，それは郡の瓦長によって事務処理がなされたと考えられる。また，下野国分寺においても，各郡名銘記の瓦が作られ，国内全郡に及び，それは，武蔵国同様に各郡に作瓦経費が課せられたもので，所課部は郡内各郷，つまり各戸主にそれを課したものであろう。

国によっては，屋瓦を国内全郡に課さず，特定の郡にのみ課し，他郡には，他の労役や資材調達の経費を課した国も存在したと考えられる。武蔵国豊島郡の場合は郡の役人たちが瓦屋に出張し，手控の戸籍によって「戸主何某」を銘記し，郡印，郷名を銘記したり，いずれにもせよ調庸物品に銘記するに類する作業を実施したものである。

下野国分寺造営の当初には，河内，那須，塩屋郡の北部3郡は河内郡内の下野薬師寺所用瓦屋跡に国分寺用の瓦屋を設置して操業したが，間もなくその主力工人と他の工人を合せて瓦屋を三毳山麓に新設移動させ，ここで国内全郡の負担による屋瓦生産に転換操業した。そのことは，軒先瓦文様とともに文字瓦の研究によって明確にし得るものである。

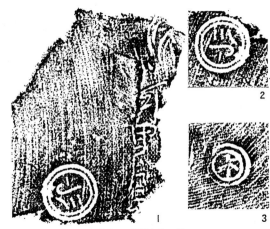

図2 ヘラ書人名の例

文字瓦の多くに郡，郷名，里名が記されている。これらについては一般に『和名抄』と対照するが，刊本とさらに高山寺本の双方をみる必要がある。しかし，双方に記載されていない郷名もあったり，文字の違いがあったりするので，充分に注意する必要がある。また，押印などには，偏と旁を分けて刻む場合，白文と朱文，ことに方印の場合はそれほど問題はないが，円印の場合，上下を決め難く，それによって誤読する例がしばしばある。例えば，常陸台渡里廃寺跡の報告書では「阿波郷大田里□」のヘラ書人名と考えられるものがある。また「阿波大□」もあり，前者同様「阿波郷大田里□」であろう。そして後者には㊥の押印がある。この「禾」は「アワ郷」の略文字である（図2-1）。さらにまた，1「川部小川□」，2「小河里戸主□」円印有（図2-3），3「川部□」円印有，のこれら3点は「川部郷小河（川）里戸主」であり，印は円形の中に「川マ」と刻まれている。屋瓦片のヘラ書文字は上から下へ読むことが正しいのであるが，押印は逆に押されている場合がある。この場合円形の逆印を「山川」と読んでしまうが，逆にすれば問題なく「川マ（部）」と読める（図2-2）。このようなことも注意を要する。また布目痕のあるところへ押された印で判読不明の場合には粘土で準復原印を起こし，不要な布目痕をつぶしたのち，文字面にやわらかく朱肉をつけてその上に綿連紙のようなやわらかな唐紙をあてると朱印による押印ができて文字の解読の一助となる場合がある。

最後に，一文字のみの資料に対して史的意義を求めたいのは御同様であるが，といって無理なこじつけによることはつつしむべきである。

金石文と古代金石資料

元大正大学講師
■ 石村 喜英
（いしむら・きえい）

金石学は金石に記された文字や文意を明らかにし，それにより社
会背景や生活の実態を明らかにして歴史研究に資する学問である

ここでは金石文とひと口にいっても，この道の
人々の間においてすら余り注意されていない問題
の一，二を取りあげ，常に諸種の問題に対して
は，堅実性の保持を念頭に措きながら筆をすすめ
ることにした。

1 金石文の意義

金石文を主対象とする研究や学問は「金石文
学」または「金石学」と呼ばれ，英米でもこれを
Epigraphy（エピグラフィ，金石学）と呼ぶよう
に，金属，石，磚などに刻まれた文字を主体に研
究する実証的学問であり，歴史学の一分野を形成
する学問の一つとみなされている。

したがって同じ文字でも紙片などに書かれたも
のは，いわば古文書学の分野に属するので，当然
のことであるがここでは除外される。ただ木材な
どを材料として記録された文字は，金石ではない
としても，木簡を除いてすべて金石学の中に含め
られるのが慣習であり，絵画，文様類も金石文と
はいいがたいが，これまた研究範囲に含めるのが
現状といえよう。しかし絵画，文様類は類例とし
ては極めて限定され，主要な分野はほとんど形成
していない。

他方，これを古く銘辞学と呼んだものもある
が，これは Inscription（インスクリプション，金石
文）の主体部 Inscrife（インスクライブ，書く，彫り
つける，心に刻みつけるなど）に基づく名辞ではあ
れ，この呼称は今日ではふさわしくないものとし
て，これを採るものは極めて少ない。こうして金
石，磚などに文字を彫出する意図の多くは，その
ことを記念し，あるいは刻銘して，物それ自体と
ともにのちのちまで永遠に多くの人々に知らし
め，また個人であれば，その所業や厚徳を後世に
伝えるのが主目的であった。こうした事情から，
中国では古く金石類を「貞石」と呼び，また「吉
金」と呼ぶことも行なわれ，合わせて「貞金」と
呼ぶ場合もあるが，「吉」は金石の美質を意味し，
「貞」は恒久性を意味したものである。

このような性格をもつ金石文，あるいは金石学
に，学問的な一の定義を与えようとする試みも見
られないではない。その一，二を見ると，たとえ
ば木崎愛吉氏は『大日本金石史』（一）の中で，か
つて浜田耕作氏が述べた「考古学」に対する定義
を借用して，

金石文学は人類の物質的遺物の中，その年代の
表出せられたるものに拠りて，人類の過去を研
究するの学なり。

と述べ，また葛城末治氏は『朝鮮金石攷』の中
に，

金石学は，金石文及び金石に鋳刻せられた図象
等を研究する学問であつて，史学の一分科を存
するものである。

と述べている。

もちろんこうした見解を全面的に支持するとい
うのではないが，これによりほぼ金石学の方向は
明らかであると思われる。これについて，改めて
ここで筆者なりの見解を示す必要はないとも考え
るが，一応それに触れておくと，それは，

金石類に銘記の文字や文意を明らかにし，それ
により社会背景や生活の実態を明らかにして，
歴史研究に資そうとする学問の一分野である。

ということができるであろうか。

さらにこれを他の諸学との関連では，とくに考
古学，史学（歴史学）が主な対象となるが，このこ
とで木崎愛吉氏はその著作の中で，

金石文字を歴史の補助学科としてよりも，考古
学の一分科としてよりも，尚それ以上に，その
位置を占有せしむべき程度に，この学科を価値
づけたい。

と述べ，藤原楚水氏もとりわけ史学との関連を考
慮して，その著作の中で，

金石学も金石の刻文によって歴史上の事実を知
らんとする点においては史学と同様であるが，
金石学は経学，歴史，地理，官職，制度，兵制，
宗教，書道，絵画，彫刻に関し乃至その他多く
の方面と，それぞれ深い交渉をもった学問であ

って，その根柢は深く，その範囲は広く，雑然とはしているがその何れもこの学に負うところが少なくない。

と闡明している。さらに大場磐雄氏の見解をあげておくと，氏は，

金石学は歴史学と考古学を結ぶ橋として，その性格は歴史学とも考古学とも，最も血の濃い兄弟であるが，ここに本学の意義が存する，と考えている。

として，やや抽象的に表現し，歴史学や考古学と深い関連性をもつ学問であることを明らかにされている。

いずれにしても諸家の見解には多くの共通点をもつ中に，わずかずつの相違のほか，抽象的表現もあってどのように見ても一致しているとはいい難いが，しかしこれらの表現のみを通じても，金石学の諸学との関連の，大体の傾向は知ることができると考える。あえてこの問題に筆者自身の卑見を加えるには及ばないとも考えるが，ただ常々考慮していることは，金石学も考古学も文献史学も，さまざまな面で全く同等に置かれなければならないものと考えている。故にいずれが主，いずれが従ということではなく，常々三者は補い合い，助け合い，結び合って初めて普遍性と妥当性をもつ歴史的解釈と歴史的真実の発見が達成されるものと考えるのであり，しかもこれが現時点では歴史研究の新たな方向を示す不可欠の実態でもあるといって過言ではなかろう。

2 金石文の種類

銘文を彫出した金石製のさまざまな遺物，たとえば金石文鑴刻の種類には数多くの品目があげられる。これを概観的に中国の場合にみると，中国では古く，

(1) 殷，周，秦時代（BC 1500～BC 206 年）
   甲骨文字，石鼓，石刻，古陶，金文
(2) 漢魏晋時代（BC 202～420 年）
   石柱碑，磨崖碑，刻経，石経，画像，瓦当，磚，爾印（印章）
(3) 南北朝時代（439～589 年）
   造像記，墓誌銘，塔銘
(4) 隋唐時代（589～907 年）
   法帖

などがあり，これらの中，失なわれたものも少なくないが，現存するものも多く，研究も盛んに行なわれている。

朝鮮の場合も銘文彫出の種目に著しい差異はないばかりか，銘記を行なうこと自体，中国の影響によることをありありと物語るものがある。ことにここではすでに楽浪時代にその淵源を求めることができ，続く三国時代（BC 57～AD 668），新羅統一時代（669～917），高麗時代（918～1392）にまで及んでいることが知られている。その種目も金文では鐘（楽器），鼎（食器），尊（祭器），彝（祭器）を中心に 50 余種にも上り，石文では碑碣が主体であるが，碑の中には磨崖碑，造像碑，題記（題誌・題名），墓誌，墓磚，そして碣の中には石闕，石室などのあることが知られている。

日本の場合もこうした中国・朝鮮などの先進国の影響を多分に受けながら，金石銘記という新しい途を切り開いたのであり，初期の頃は直接大陸から将来されたものや帰化人の手になるもの，あるいは中国・朝鮮の先例を模倣したものなどもあったのであるが，その顕著な事実を示すものに鏡鑑銘や太刀銘，また墓誌銘や墓碑銘，頌徳碑銘などをあげることができよう。たとえばその一，二を見ると，熊本県江田船山古墳太刀銘の「瑞歯大王」（みづはのおおきみ），和歌山県隅田八幡画像鏡銘の「日十大王」（ひそのおおきみ）などの王名は朝鮮系の王名の表示形式と見るものもあるが，もちろん後者には問題を存しよう。また漢鏡中に見える「景初三年」（239）銘，「景初四年」（240）銘，「正始元年」（240）銘なども中国の 3 世紀半頃の年号に相当し，しかもこれらの鏡の作者，すなわち鋳工名の中には，「陳是作鏡」「陳世厳 作」，また方格規矩四神鏡の中には官衙の工房，あるいは宮廷技術所と見られている「尚方作竟」などの事例もあって，それは明らかに中国系と見ることができよう。さらに碑の中には有名な那須国造碑のように「永昌元年」（689）の紀年銘を彫出したものもあり，これが中国唐代初期の則天武后時代の年号を示したものであるのはいうまでもない。

こうしてその影響は極めて顕著であるのを知るが，日本独自の銘記の行なわれ始めたのは奈良時代（708～780）の中頃のことであり，それもいわば徐々に推し進められた傾向が強く，平安時代に入ってようやく日本的な土壌や慣習を基盤にした色合いの銘記が普遍化の途を辿ったものとみてよかろう。

まず各時代別に見た銘記の対象物として，陶製

37

品や瓦製品を含め，その品目をみると大要次のようなものがある。

(1) 弥生・古墳時代（BC 3 世紀〜AD 6 世紀半）
鏡類（漢鏡・神獣鏡・画像鏡・仿製鏡），剣，印章

(2) 飛鳥・奈良時代（546〜780 年）
仏像，塔婆，銅露盤，銅燈籠，銅鉢，銅板，梵鐘，香炉，駅鈴，銭貨，唐鏡，層塔，磨崖碑，墓誌，墓碑，記念碑（造橋碑），天蓋，幡鐸，繡帳

(3) 平安時代（781〜1191 年）
和鏡，銅板経，滑石経，経筒，瓦経，寺碑，経碑，陶器，瓦塼，扁額，石仏，皇朝十二銭，宋銭，五輪塔

(4) 鎌倉・室町時代（1192〜1573 年）
懸仏，鰐口，雲版，銅鑼，華鬘，錫杖，鉦鼓，伏鉦，大鏧，磬，擬宝珠，棟札，町石，碑伝，一字一石，花瓶，火舎，金剛盤，鈴杵，宝篋印塔，無縫塔，石造宝塔，石造多宝塔，笠塔婆，自然石塔，石幢，板碑，石燈籠

(5) 安土・桃山・江戸時代（1574〜1867 年）
新型墓塔（平石形・角柱形・舟形），平石形墓誌
※前代以来の重出物は省略

これらは一応の摘記であり，この中には漏れたものもないわけではないが，しかしそれはごくわずかな数で，ここにはほぼ 95% が確保されているとみてよい。各時代別の配列も重複するものは避け，次代においても依然使用を盛んにしているものは多いのである。これにより金石学あるいは金石文研究がどのような品目を対象としているかは充分明らかになったと考えるが，それがいかに広汎な分野にわたるものであるかについても知ることができると思われる。

3 金石銘に見る特殊課題

金石文に見えるさまざまな特色の中，少なくとも研究を進める上で留意しなければならない二，三の点について，ここで取り急ぎ触れておくことにしたい。

それは最低限に必要な補助的知識といってよいもので，金石文を手がけることにより，こうした知識は自ら身につくとはいえ，これを前もって知っておくことも大事な一面といえるであろう。たとえば碑と碣の相違，紀年銘の諸形式，偽銘と追銘の判別，十干と十二支との必然的関係，異体字

と宛字と誤字の識別，拓本とその整理などはそれである。

（1） 碑と碣の特徴

古代の中国で金石文として扱われてきたものの中で，金文の主体をなした鐘，鼎，尊，彝などの記銘は，中国はもちろん朝鮮でも碑碣銘と全く同格に扱われ，両者がともども重視されてきたことは，ここで改めて詳言するに及ばない。しかしわが国では鐘は寺院における「梵鐘」という別途の系列にあって受容を密にしたが，鐘，鼎，尊，彝についてはほとんど流入の形跡すらなく，古代の遺物として，また銘文表示の金属製器具類としても，その名称すらとどめるところがない。これに対し，金石の「石」である「碑碣」については墓誌とともに全面的に受容が行なわれ，古代の遺物や記録も幾例か現存するほか，その設立は長い伝統を形成して，今日にまで及ぶ身近かな造立物となっている。

ところが一口に「碑碣」といっても，碑と碣とには若干の違いがあって，中国，朝鮮ではこれを明確に区別して設立を行なっているが，わが国にあっては厳密に守られたかどうか，その遺例の僅少であるのと相俟って，この点の是非や傾向は明らかでない。しかし，形態上，弁別して造立を行なっていることはまず間違いないものと見なされる。「碑」以外に「碣」字を用いる事例も銘記中にはないわけではなく，たとえば五弓雪窓（久文）編纂の『事実文編』に収められた誌銘の中には，「主計頭山岡君墓碣銘」「朝比奈君墓碣銘」「安積正信墓碣銘」など，少なからず「碣」字を用いた墓碣の造立が知られている。もちろん文字通りに碑と碣が区別されたかどうかは措くとして，ここで改めて「碑」と「碣」の両者の違いを具体的に明らかにしておく必要があろう。

すでに述べたが，陰刻と陽文を合わせて「款識」と呼ぶことについては『朝鮮金石攷』にも明らかにされているが，この碑身の表面を「碑陽」，裏面を「碑陰」とよび，同時にこの名称は表面の銘文，裏面の銘文をも併せて意味することが古くから慣習化している傾向にある。故に「碑陽」といえば表面の銘記をも意味し，「碑陰」といえば裏面の銘記に解されることがしばしばであることに注意される。

『唐六典』に見える唐代の墓制によると，碑と碣の区別が明確に示されて，碑は五品以上の者に

造立を許し,「螭首亀趺」であることを要したが,碣は七品以上の者に造立を認め「圭首方趺」でなければならなかった。しかも碑は趺の上,九尺を超えてはならぬとし,碣は趺の上,四尺を超えてはならぬ,という定めであった。螭首は角のない龍の首部で,「螭」はみづちの意であり,龍頭を碑頭に彫出したもの,「趺」は台石で,亀形(亀甲)を彫出した台石(基石)上に碑身を立てたのである。

碣は『後漢書』巻二十三,竇憲伝の隆喝の註に,「方者謂_之碑_円者謂_之碣_」とあるように,碑が方形(長方形の意に解される)であるのに対し,碣は円形を呈するものといわれ,すなわち「圭首方趺」であって,頭部は円みをもち,「台石」は方形であるといわれる。頭部が円みをもつという「圭首」には諸種の形があって,
①頭部が水平で両端をそいだ形のもの ⌒
②瓶形のもの ⌢⌒
③富士山状を呈した山形のもの ⌒
がそれであるが,頭部が円みをもつ中にもやや尖る傾向もあり,しかも碑身全体が偏平状の碑形というのがこの「圭首」であったようである。『説文』の碣の註に,碣について「特立之碑也 碣之言傑也」としているのは,頭部がさまざまな形であった上に,自然石の一面を磨刮して造立したものに対しても充てはまる語ではないかと考えられる。この碑と碣の区別はこうして一応は行なわれても,長い間には両者は全く混用されてしまった傾向が強く,その弁別すら困難な状態に置かれるのが現実であろう。今日でも江戸時代造立の碑記中に亀趺(台石に亀の姿態を表示したもの)を採用した事例を見かけることはあるが,しかし碑の頭部は「櫛形」という中・近世的形態であり,そこに混用形の見本に近い形体が見出されることはここで多言を費やすまでもない。

したがって碑と碣を明確に区別することは今日ではほとんど不必要と思われる上に不可能に近い面もあり,それは歴史的性格を示すものとして把えれば,それで充分のように思われる。

(2) 紀年銘の諸形式

金石文に見える記載形式の中,ここではとくに年号,月,日などの記載について,通常の形式と特殊な事例を取り上げて,ひと通り述べておくことにしたい。

年号は紀年とも元号ともよばれ,中国,朝鮮,

「元禄四年未」(1691) 銘伏鉦(筆者蔵)

日本では古くから採用されてきたが,日本の場合は孝徳朝の「大化」に始まって以後,現在の「昭和」に至るまで247例を数えることができる。この公年号のほか,民間では私年号とよばれる私製の年号も,相当数使用されている。この年号には組み合わされた干支の一つ一つが60年周期で年年順を追って配され,これらをめぐって銘文の表現形式にもさまざまな異形式を誕生させることになった。

まず紀年の年次などを含む記載形式を見ると,大要次のような8例を数えることができる。
①干支のみを記すもの
②干支のみを記し,それに修飾を加えたもの
③年号と年次のみを記載したもの
④年号と年次の間に年次への冠詞の付されたもの
⑤年号,年次,干支を完備するもの
⑥年号,年次,干支を完備したものに,さらに修飾を加えたもの
⑦年号,年次の下に十干か十二支のいずれかを記載したもの
⑧年号と干支のみを記し,年次数を欠くもの

次にこれらについての実例をあげ,記載銘の実態を知る手がかりにしたい。
①干支のみを記すもの
「戊子年」(旧河内国観心寺阿弥陀如来像光背銘)
「甲寅年」(法隆寺釈迦三尊光背銘)
「丙寅年」(河内国野中寺金銅弥勒像)
②干支のみを記し,それに修飾を加えたもの
「歳在辛巳年」(法隆寺天寿国曼荼羅繡帳銘)

39

「歳次丙寅年」（法隆寺旧蔵金銅弥勒菩薩像）
③年号と年次のみを記載したもの
「慶雲二年」（山城国宇治宿祢墓誌銘）
「和銅四年」（上野国多胡碑）
④年号と年次の間に年次への冠詞の付されたもの
「文永第十年」（上野国愛宕神社蔵板碑）
⑤年号，年次，干支を完備するもの
「神亀三年丙寅」（上野国金井沢碑）
「寛元三年乙」（武蔵国慈光寺鐘）
⑥年号，年次，干支を完備したものに，さらに修飾を加えたもの
「弘仁十一年歳次庚子」（近江国延暦寺相輪樏銘）
「法興六年歳在丙辰」（伊予国道後温湯碑）
⑦年号，年次の下に十干か十二支のいずれかを記載したもの
「元禄四年未」（筆者所蔵伏鉦銘）
「安政五年午」（山城国六波羅密寺太鼓銘）
⑧年号と干支のみを記し，年次数を欠くもの
「弘長壬戌林鐘日」（越後国常楽院梵鐘）
「正安辛丑仲和九日」（相模国称名寺梵鐘）

これらについての一つ一つの解明は避けることにするが，ただこの中の⑤「年号，年次，干支を完備するもの」が比較的銘記として多いのには注目される。もちろん，この部分に限られたわけではないが，この干支の表現に縦書，横書，斜書もある上，しかもそれを細字で分書するという事例が少なからずあって，細かに見るとこうした点にも差異が示されるのに注意しなくてはならない。

また②項に示したような「歳次」「歳在」「大歳」「歳舎」としたものが，古代に始まって中世にも盛んに使用され，さらに近世に至っている点には，そこに興味深い伝統性の踏襲を好む風潮が顕示されるが，なおこれには「才次」「大才」「太才」とした略字形，異字表記のものも少なくない。

4 むすび

金石文の基本となる焦点に触れながら，古代に目安をおいて本稿を構成する形をとってきたが，なお論及を必要とする事項は多々残されたままである。たとえばここでの項目「金石銘に見る特殊課題」についても，さらにひき続き「偽銘と追銘」「十干と十二支とその異名」「異体字と宛字と

誤字の識別」「拓本の整理」などの諸問題についてさらに詳述しなければならないのはそれであるが，今回は紙数の限界を越えることとなるので，本稿はともあれ未定稿とし，機会を得ることのできた折，改めて稿を続け，本稿の続編として不備を補いたいと考えている。この点を改めてここに付記して多くの読者の了承を得ることにしたい。

参 考 文 献

1) 山田孝雄編『古京遺文』宝文館，1912
2) 木崎愛吉『大日本金石史』（一），尚好会出版部，1921
3) 三宅米吉『考古学研究』岡書院，1929
4) 浜田耕作『通論考古学』大鐙閣，1922
5) 浜田耕作『考古学入門』創元社，1941
6) 『事実文編』第1冊，国書刊行会，1910
7) 葛城末治『朝鮮金石攷』国書刊行会，1935，1974再刊
8) 竹内理三編『寧楽遺文』下巻所収「金石文」東京堂，1944
9) 広池千九郎・内田智雄編『大唐六典』巻四尚書礼部葬礼の条，広池学園事業部，1973
10) 奈良国立文化財研究所『平城京木簡』1・2，1966・1975
11) 後藤守一『漢式鏡』雄山閣，1926
12) 藤原楚水『書道金石学』三省堂，1953，1971再刊
13) 入田整三『金石文』『日本考古図録大成』3所収，日東書院，1929
14) 入田整三『日本金石文綱要』雄山閣，1937
15) 福山敏男「飛鳥奈良時代の金石文」世界考古学大系，4，1961
16) 大場磐雄「金石学的研究―日本」新版考古学講座，2，1969
17) 浅田芳朗『日本古代金石文研究提要』私家版，1973
18) 竹内理三編『平安遺文』金石文編，東京堂，1960
19) 藪田嘉一郎『日本上代金石叢考』河原書店，1949
20) 段玉裁『説文解字注』芸文印書館，1981
21) 『後漢書集解』『二十一史』5所収，竇融列伝第十三巻竇憲の隆噶条
22) 大谷大学編『日本金石図録』二玄社，1972
23) 岡崎　敬「日本の古代金石文」古代の日本，9，1971
24) 斎藤　忠『日本考古学史資料集成』1・2・3冊，吉川弘文館，1979
25) 藪田嘉一郎『金石文入門』綜芸社，1976
26) 奈良国立文化財研究所『日本古代の墓誌』1977
27) 奈良国立文化財研究所『日本古代の墓誌』銘文篇，同朋社，1978
28) 樋口隆康『古鏡』新潮社，1979

板碑にみられる銘文の解釈 ■ 服部清道
（はっとり・せいどう）

板碑の研究は種子（梵字）をどう解釈するか，建立銘をどう読
むか，さらに紀年銘をどうとらえるかなどの課題を含んでいる

板碑にみられる銘文をどう解釈するか。それは
どう読むかでもある。わかりきったことではある
が，考えようによっては難かしい問題である。板
碑は全くの断片でない限り，かならず何らかの銘
文を残している。種子（梵字）があり，年月銘が
あり，建立趣旨が刻まれてあったからである。

1 種子（梵字）をどう解釈するか

歴史考古学に立脚して板碑を取り扱うかぎり種
子問題は避けては通れない重大事である。種子は
板碑建立者の仏教信仰の標識であり，建立趣旨の
表現でもあるからである。大分県鳴長木板碑（元
亨2年）は文殊種子を標識として「相當大聖断罪
之日間　造立石佛　求□覚母種子之供養者　彼菩
提之心霊也」と慈父第二年忌に祈り，埼玉県児玉
町玉蓮寺の嘉元2年釈迦種子は「化一切衆生皆令
入佛道」との法華経方便品偈に添えて「右千部法
花讀誦者為地主能示成阿等四人志亡魂丼在家出家
同心合力所乃至法界平等利益皆成道也」と祈願し，
青森県南津軽郡篠崎・唐糸の延文4年板碑は釈迦
三尊種子のもとに「右塔婆是大日遍照形像故周遍
法界別躰也　然而過去祖父祖母先考先妣又悉幽儀
安養錚刹結縁給乃至法界衆生平等利益也」との造
立趣旨をあかしている。

このような建立趣旨は板碑全般に通ずるものと
考えられるが，それによると，当時板碑建立者は
板碑を視して単なる一個体の石造物としてではな
く，あるいは大日如来の形像と観じ，また建立地
点をもって釈迦の寂土を想定し，あるいは弥陀如
来の九品浄土を思い定め，種子はそれぞれの浄土
の本主として拝されたのである。福岡県玄海町鎮
国寺の元永2年弥勒像板碑は「奉造立十二万本率
都婆　金銅阿弥陀像数軆佛菩薩像等□奉寫蓋幡花
餝寳樹六鳥樂□姣極樂郷池中弥勒佛頭十三畢□十
四舞勤　元永二年十□一月七日建立了」という地
上浄土の実現は供養塔建立の施主がひとしく期待
したであろう。しかしこの板碑はいまだ12世紀
という草創期のものであるため，平安時代に盛ん

だった弥勒下生の信仰思想があり，『後拾遺伝』に
見える豊前守有輔の女の往生を伝えた浄土の描写
に似たものであり，かつ平安末期の修法の特徴と
される数量尊重の思想がある。その後の板碑は，
その思想としては弘前市中別所に弘安10年橘範
綱が追善に石塔3基を立て，鹿児島県川内市永引
に大永2年大乗妙典を一筆書写して六十六部供養
を修し，埼玉県大沢に文安2年百八燈供養が修さ
れ，東京都忠生に明応2年彼岸に多人数が同時供
養をおこなった程度である。ある説では鎮国寺板
碑の像様を阿弥陀如来とみているが，私は徳島県
神根庵寿永4年板碑が同様の仏像を図して弥勒菩
薩と銘記している例に準拠した。

以上の略説によって，板碑は種子または像様を
信仰標識とし，それに向って祈願を籠めた供養で
ある旨をあかしたが，また板碑が中世期を通して
全国的に庶民層に普及した理由は種子すなわち梵
字がもつ魅力であったろう。その異様な字体は聖
霊または建立者自らの二世安楽の免罪符とも感じ
られたに相違ない。しかるに旧来の板碑研究は種
子を無視して銘文だけに注意を向けた傾向であっ
た。それが昭和期に入って新たな方向に転回しだ
しだことによって稲村坦元氏の『青石塔婆（板
碑）』，中島利一郎氏の『板碑』[1]は前世紀的研究の
終止符ともなった。それに対して，かつて私は
『板碑概説』を書き，『種子』[2]を説いて，板碑にお
ける種子の重要性を提言した。また川勝政太郎氏
は『梵字入門』を著わされた[3]。そうした影響によ
ってか，近来は種子に視点が向けられるようにな
った。最近の傾向として，この風潮に便乗した梵
字関係書が数種出版され，それらに無批判に頼り
過ぎた結果として誤った種子の解釈も出ている。

私はここ数年の間，昭和初頭以来たどってきた
板碑研究の道程見直しの作業をはじめた。その一
課題として種子を取りあげた。対象としては取り
あえず武蔵および東北系に着手したが，その資料
は総じて先学または同学者の報告によっている。

栃木県は地域的には旧下野国である。1970年

現在で 791 基報告されている[4]。それを標識別にみると、 hriḥ 434 基、それに脇侍 sa・saḥ の三種子組み合せ 73 基、 bhaḥ 46 基、 ha 1 基、七字題目 30 基、六字名号 5 基、阿弥陀・地蔵図像各 1 基で、種字としては 4 字・3 組に大別され、hriḥ は阿弥陀、sa は観音、saḥ は大勢至、bhaḥ は釈迦の種子とされている。

東京都 23 区は旧武蔵国の領域である。全域現存数は 1978 年現在断片などを含めて 2,389 基が確認され[5]、それを標識別にすると、弥陀一尊 963 基、弥陀三尊 305 基、釈迦 26 基、釈迦と脇侍 aṁ、 maṁ 組み合せ 1 基、 vaṁ、 a、 aḥ、vaṁ と sa・saḥ 組み合せ各 1 基、 hūṁ 2 基、題目 106 基、名号 14 基、阿弥陀一尊像 12 基、同三尊像 5 基、釈迦像 3 基、六地蔵 1 基、十佛・十三佛・二十一佛種子各 1 基に分けられて、栃木県よりも多様化している。弥陀および弥陀三尊式が主流をなしていることは変わらないが、題目板碑が激増した点が目立つ。種子標識は 10 字組み合せによる 7 種である。そのなかで aṁ は普賢、maṁ は文殊、釈迦との組み合せで釈迦三尊、vaṁ は金剛界大日、a は胎蔵界大日如来、hūṁ は不動とされる。東京都板碑はそれ以前に湮滅したもの、また将来発見されるものを考慮してもこの比率は変わるまい。

青森県内板碑は 1982 年現在確認数 276 基[6]で、中津軽を中心に津軽全地域に分布する。それを標識別にみると金剛界大日が最も多く 85 基、ついで弥陀 35 基、弥陀三尊 18 基、釈迦 10 基、胎蔵界大日 8 基、aṁ・aḥ 各 5 基、 vāuṁḥ、ha 各 4 基、 oṁ、 sá、 ká、 trāḥ、 i、 ī その他、またそれらを 3 字・5 字組み合せたものなど、そこにみられた種子は 31 字で、31 標識が成立している。そのなかにはすでに武蔵系に眼なれたものが多いが、vāuṁḥ は金剛界大日、sā は弁才天、ka は十一面観音、trāḥ は虚空蔵、i・ī はともに地蔵とされるが、大日如来と地蔵、地蔵と阿弥陀如来、釈迦と文殊と不動明王を組み合せたものなど初見の異様な三尊佛もある。しかし大勢としては阿弥陀、その三尊式が多いが、金剛界大日如来の信仰が圧倒的に多い点が特徴的である。

岩手県板碑は 1985 年現在 850 基が報告され、その分布は旧陸中全域から陸前・陸奥の一部にわたる[7]。その故をもって両国の様式をかかえ込ん

だかたちで内容はすこぶる多様である。種子別にみると阿弥陀一尊 109 基、同三尊 22 基、金剛界大日 165 基、胎蔵界大日 10 基、釈迦 68 基、地蔵 87 基、大勢至 47 基、不動 38 基、虚空蔵 31 基、薬師 24 基その他をふくめて、種子 27 種を組み合せて標識 47 様を現出している。その多様・複雑さは東北系板碑随一と称すべく、また金・胎両界の大日如来、薬師如来の信仰が広く浸透していたこと、ことに種子 saḥ を標識とした 47 基の存在は勢至菩薩が盛んであった証などあって、陸中の地域以外には例なく、大日如来の教令輪身とされる不動明王信仰が盛大だったこともこの地域の特徴とみられよう。

総じて東北系板碑の種子からみる仏教信仰は多様的であって、これほどまでに明瞭に個々人の信仰を如実に表明した資料は、板碑を措いてはないだろう。しかも磐越から北上するにつれて上述のような傾向は濃くなり、それに加えて地域それぞれの特徴をもっている事実は武蔵系板碑ではみられないものである。

千葉県内板碑[8]は東国地域のなかでもっとも特色がある。大別して常総系と武蔵系がある。常総系は香取郡を核として下総全域から上総の夷隅・山武両郡にわずかな分布をみる。その数 674 基。武蔵系は東葛・印旛・千葉など下総西部、安房および上総 5 郡にまたがる。その数 756 基。両系ともに断片を含む。

これを種子別にみると阿弥陀一尊総 200 基・武 357 基、阿弥陀三尊総 37 基・武 239 基、胎蔵界大日総 44 基・武 1 基、金剛界大日総 19 基・武 7 基、釈迦総 15 基・武 5 基、十佛総 9 基・武 10 基、題目総 63 基・武 110 基、名号総 1 基・武 2 基、阿弥陀像総 1 基・武 2 基の九種が総武両系に共存するほかは、武蔵系に存するもの aḥ 5 基、 vāuṁḥ 1 基に対し、常総系では薬師 3 基・不動 10 基・虚空蔵 19 基、勢至 3 基、弁才天 3 基、 va 7 基、 áḥ 6 基および阿弥陀・大日・不動・虚空蔵・釈迦・勢至・薬師・観音種子を組み合せた二尊・三尊・四尊佛あわせて 35 種 156 基、十三佛 17 基、二十一佛 6 基、佛像では弥陀・地蔵並立 1 基、文字佛阿弥陀および阿弥陀図像に両脇侍種子を配したものを加えて 9 基ある。

板碑分布を同じくする総房地域ながら、たまたま常総系・武蔵系と形式を異にしたことをもってこのような異なった様相を現出した所以はどこに

あったか。先の東北系といい，この常総系といい，両者が包含する内容はかならずしも一致しないが，両者ともに形式にとらわれず，東北系においては材石を自由にえらびとり，自らの信条を率直に表現することをはかったと思われる点では一致する。それには化主・能化側の化益にあづかるものがあったことはいうまでもなかろう。それに対して武蔵系はかたち（形成）に偏執し，かつ広域からの需要に応えるために量産が重視された結果は形式の一律化，標識は形式化し，需める側の多くは第三者の誘いにまかせて購入し，自己の信条また建立趣旨はわずかに偈頌に託して表現したという傾向が感じられる。弥陀一尊または三尊に対して梵字光明真言や随求真言を彫り添えたなどはその著例というべく，その点において日蓮宗系板碑は題目一途に決定しており，また阿波系・九州系などにおいては種子標識と建立銘が概ね一致しているものが多いことが参考される。

およそ国内に現存する板碑の数量は膨大なものがあり，研究者の直接対象とされた数も多く，私もまた人後におちないつもりで数多の板碑に接してきたが，いまここに東北系並びに常総系板碑を総括的にみなおす機会を得たことによって，はじめて中世庶民の仏教信条，あわせてその表現としての板碑の本性に触れることを得た感じである。しかし種子について，一種子ごとの個々の説明はできても，例えば ア ・ アミ と二尊また三尊式の変則的な組みあわせをどう解釈するかの基本的な問題は積み残しのままである。

2 板碑の建立銘をどう読むか

板碑は供養塔としてひろく考えられているが，それには追善と逆修供養があることもたしかであり，また個人によるものと複数人によって修せられたものとがある。

板碑建立銘には単純なものが多い。建立趣旨表現にあたっては当時の社会風潮もあったであろうが，施主の身分，またその塔身の大小，碑面の広狭にも制約がある。建立者は自らを施子また孝子と称した。そしてまず亡霊の日ごろの信仰，また建立者の信条にしたがって有縁佛をきめた。建立銘は「為西心　正應二年辛卯七月十五日敬白」（青森県大鰐町）の例，「文殊師利大聖尊三世諸佛　以為□十方如来初発心　皆是文殊教化力　右慈父覚霊西実准生死之習去元應第三次首春中之九日忽以

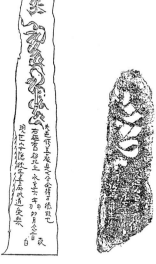

（右）弘前市乳井・乳井神社板碑（嘉元二年）（青森県の板碑』より）
（左）石巻市宣原菱命寺板碑（永享六年）（佐藤雄一『石巻の板碑』より）

閑寂之以降　相當大聖断罪之日間　造立石佛述覚母種子之供養奉□後菩提之心處述　良因普及一切矣」（大分県富来，元亨2年）の例まである。前例は種子胎蔵界大日，塔身高164cm，後例は種子文殊，塔身高351cm，「大願主長木右衛門尉稅永貞」とあり，両者間に社会的身分の相違が判然とあらわされている。後者は当該地域は六郷満山を中心に文殊信仰が盛んであったという社会的背景を建立銘にふくませていることがわかる。

板碑流行時における追善忌日はすでに定まったものが慣習化し，およそ歿後五十七日から三十三年の間に修せられたが，命日による有縁佛にはさだまったものがなかったようである。

板碑建立銘について目立つのは逆修供養が多いことである。わが国における逆修信仰は10世紀末にいたってもっとも隆盛となり，藤原時代，宮廷貴族の間に流行した万燈供養，八万四千基小塔供養，十二万遍念佛など数量尊重の信仰はひとしく逆修につながるものである。この思想はやがて法然の「逆修説法」のあおりをうけて板碑建立趣旨にもとりこまれたのであった。青森県深浦町永和2年板碑銘にみる「石塔為慈父逆修」は忌日前の予修であろうが，逆修の多くは法然が説かれた「今此逆修七七日間供佛施僧之営　既是寿命長遠業也」との思想に魅せられたものであって，陸前

43

多福院応永5年板碑に「右志者並不動護摩　□□為志本七分全得乃至法界平等利益也」と彫り，埼玉県越生町興禅寺建武2年板碑に「右奉為沙弥理圓既雖迎七旬之星霜末致逆修作善　然間彰應身三摩耶體貌開瑜迦唯識妙印　重乞早遊法性之霊月顕常覚之月照生死之暗　併覚忘想之夢矣」と念じ，また埼玉県高麗川原宿正和2年板碑に「右志者為父母師長七三四恩並現在道然同列佛家二十二人惣主子寸木一金半尋帒助力結衆者　往生極楽乃至法界平等利益逆修如件」と銘した例などはいずれも当時の逆修思想を代弁しているとみられる。

　またただ種子に年時だけを彫みつけた板碑がある。この種の板碑はことに武蔵系に多い。時代的には室町期に属する。また東北系板碑では大日如来種子に「正應二年己旦三月二日」と年時を記したもの(青森県大鰐町)のほかに，種子に「十方佛土中」云々など仏典から抽出した偈頌のみ記した例(弘前市，貞和2年)も多い。これをどう解するか。私はこれを大分県宇佐市佐田神社の弥陀種子板碑に「右志者天長地久御代内満」と祈願した正慶元年と同様の趣旨にもとづいた広義の逆修供養と解している。

　また15世紀室町時代後半期にいたって月待・申待・日待など多数同信衆による供養が勃興しだした。その初めは浄土教信奉者による念仏作善に発したものであったが，やがて王朝時代に貴族者社会に行なわれた諸行事の流れを庶民生活の裡にとり入れて，このような結衆を発達させたのである。これら結衆は講中と称して年中行事として作善を修したが，結局逆修につながる作善と称することができる。

3　板碑にみられる紀年銘をどうとらえるか

　板碑は中世期が産んだ仏教関係のなかでもっとも多量に現存し，その多くが建立期の造立銘をもっている。そして当該地域に仏教が定着した正確な年時を伝えている。しかしこの事実についての研究は未開発のままである。要はそれを確実な資料となし得る方法が考案されないからである。板碑を宗派別に識別することはむつかしい作業である。あるいはその種子標識により，また建立銘によってある程度まで識別できるものもある。地方寺院に伝承される草創年時は容易に信じ難く，草創の時期をたしかにする確実な史料をもつ地方寺院はきわめて稀である。そのなかにおいて，かす

かなすがたであっても，当該地域の仏教伝播史をとらえることになれば，その作業は地方史研究に新しい協力を添えることにもなろう。仏教伝播史はそのまま集落史につながるからである。大分県武蔵町吉成の板碑銘に「永仁二年乙廿五日　亥時他界早」とあった。この銘文でみると，これは墓標としての建立であったとも解される。種子は阿弥陀三尊であった。また鎌倉市佐助銭洗弁天やぐら出土の板碑のなかに「元應元年四月廿五日」銘に「一月一六日　己尅入寂」と，同時書体の添書があった。この銘文によると，この板碑は当該者の歿後およそ二百日めに建立されたことが明確となり，ひいては板碑を墓標または供養塔として建立する一つの時期を知らされたのである。

　また室町時代板碑には稀に私年号がみられる。福徳はもっとも広範囲に使用されているが，正仲・致得・延真の年号もあり，宮城県下では新たに徳昌・永幻年号が発見された。それと関連して東北系板碑には「正平十三年」(青森県十和田市)，「延元四年」(宮城県登米郡中田)，「興国元年」(宮城県石巻市稲井)など南朝年号を用いた例がある。石巻市稲井では「興国元年」「興国四年」と2基同一所で見出された。これらの事例をどう解釈するか，板碑の研究と切りはなして一考にあたいする問題であろう。

　最後に，板碑建立者はその地点また地域をもって，標識する仏・菩薩の浄土と自覚・認識したであろうことを付言したい。

註

1)　稲村坦元編『青石塔婆(板碑)』考古図録大成，13，日東書院，1931
　　中島利一郎『板碑』考古学講座，雄山閣，1930
2)　服部清五郎『板碑概説』鳳鳴書院，1933
　　服部清五郎『種子』佛教考古学講座，雄山閣，1936
3)　川勝政太郎『梵字入門』スズカケ出版部，1933
4)　佐藤行成遺稿・今立鉄雄編『下野の板碑・附年表』真岡市公民館，1971
5)　千々和実編『東京都板碑所在目録(23区分)』東京都教育委員会，1978
6)　青森県立郷土館編『青森県の板碑』1983
7)　周東真雄『岩手県の古碑』1985
8)　『千葉県史料』金石文編1・2・3，千葉県，1975〜1981
9)　九州系板碑については田隈豊秋『九州の石塔』西日本文化協会，1978，坂詰秀一編『板碑の総合研究』地域編，柏書房，1983，日名子太郎編『大分県金石年表』1941を参考にした。

44

特集●考古学と出土文字

文字資料研究の現状

木簡，漆紙文書，墨書土器，鏡鑑銘，墓誌など最近発見のめざましい文字資料はどう研究されているか，その現状をとらえてみよう

木簡／漆紙文書／鏡鑑銘／墨書土器／篦書土器・刻印土器／墓誌／経筒銘／印章／硯

木簡

東北大学助教授
■今泉隆雄
（いまいずみ・たかお）

平城宮木簡の出土以来，25年が経ち，木簡は古代史と歴史考古学の不可欠の資料となり，一方その史料学的研究が進められてきた

1961年の平城宮跡における木簡の出土が，日本における木簡の本格的研究の出発点となった。これ以前にも木簡が出土したことがあったが，平城宮跡出土の木簡は質量ともに豊富で，日本古代における木簡の広汎な使用を明らかにし，その後の全国各地における木簡出土の契機となり，さらに木簡の本格的研究の端緒となったのである。1985年までで，中・近世を含む木簡の出土遺跡は全国各地の200余個所に及び，出土総点数は4万点をこえている。

これまで木簡研究は二つの方面から進められてきた。一つは木簡を資料として利用した研究で，木簡発見の当初から行なわれた。この方面でも，木簡を文献史料として利用する古代史や国語学などの研究と，遺跡の性格や年代，遺物の年代の決定などに利用する考古学の二つの面がある。二つは木簡そのものに関する研究で，木簡の特質，用途と機能，現物に即した諸問題，日本への木簡の伝来とその終末等々，いわば木簡の史料学的研究である。1976年から3回にわたって奈良国立文化財研究所が開催した木簡研究集会が，この方面の研究の進展の契機となった。この研究集会を母胎として，1979年3月木簡学会が設立された。その機関誌『木簡研究』は8号（1986年）まで刊行され，毎年の出土木簡の報告と研究論文を掲載し，近年の木簡研究進展の中心となっている。

木簡の研究史については，すでに鬼頭清明がまとめられ[1]，筆者も1979年までの研究を整理したことがある[2]。本稿では，紙幅の都合もあるので史料学的研究を主題とすることとし，旧稿でふれた点は概括的にのべ，その後の研究を中心にして木簡研究の現状についてまとめることとする。

1 木簡の資料的特性と内容

資料的特性 木簡は文字の書いてある文献史料であるとともに，その大部分が発掘調査によって出土する考古学の遺物であって，いわば「発掘された文献史料」である。ここに木簡の資料的特性があり，木簡の研究はこの二つの面からの検討を要する。ともすれば，木簡は文献史料としてのみ検討されがちであるので，考古学的遺物として取り扱うべきことが強調されるのである。すなわち，出土遺構・層位，出土状況を把握し，共伴遺物との相関の関係の中で検討することが必要なのである。木簡研究の基本的方法として，まずこの資料的特性をふまえておかねばならない。

内容分類 周知のように木簡は，内容と用途によって，文書と付札とに大きく二分類され，この

ほかに習書・落書，題籤軸などがある。さらに文書木簡は，発信者と受信者との間で授受される狭義の文書（以下，文書簡という）と，授受関係のない伝票・帳簿などの記録（記録簡という）に，付札は貢進物などの貢納に用いる荷札と，物品の保管・整理などに用いる物品付札に細分される。文書木簡の内容は，文書簡が物品と人の移動に関するものが多く，物品の請求・支給・進上，人の召喚・派遣，仕事の割充，宿直者や食口の報告，関や門の通行証など，記録簡は，物品の収納記録，官人の勤務評定の整理カード，野外の儀式・祭祀への出仕者の歴名などがある。

2　木簡の特質

木と紙　これまで日本木簡の特質については用途と機能から論じられてきた。その際，日本の木簡は，中国の漢代以前の簡牘と異なって，書写材料として紙とともに用いられていることから，木簡が紙に対する独自な用途と機能をもち，両者の間である程度の使い分けがあることが考えられてきた。そしてその使い分けは，両者の材質の違いに基づく，それぞれの書写材料としての特性によると考えられるのである。

木という材質に基づく，紙に対する木簡の書写材料としての特性＝長所と短所は，次の3点に整理できる。(1)紙にくらべて嵩ばる。すなわち，紙にくらべて体積の割りに書き載せることのできる文字数が少ないのである。このために木簡は，長文や長期間保存を要するものの書写には適せず，この点は書写材料として大きな欠点である。(2)堅牢であり，野外で書写したり，もち歩いたり，掲示するのに立てたりするのに適する。(3)削って簡単に墨書を消去することができる。この点は再使用できるという長所であるとともに，簡単に改竄できるという短所でもある。これらの材質としての特性が木簡の用途と機能を規定していると考えられる。

堅牢性　まず付札は，(2)の堅牢性を活かした使い方である。野外に立てる告知札，文書木簡の中でも野外での儀式・祭祀に使う歴名簡，野外を携帯する関や門の通行証も同様である。文書簡一般についても，この堅牢性に基づく通行証という機能があったとする見解がある[3]。すなわち，物品の請求・支給・進上，人の召喚などの文書簡が，物品・人とともに移動することがある点に注目し，

これらの木簡が宮の門の通行に際して，人の身分や物品の内容を証明する働きをしたとするのである。たしかに門や関の通行証の木簡が存在するが，文書簡一般を堅牢性や携帯の便宜から理解するのは妥当でない。

文書木簡の用途と機能　木簡の用途と機能は一つにはその堅牢性に基づく面もあるが，より大きく規定しているのは，(1)の長文や長期間保存の必要なものに適さないという短所である。そして官衙の文書事務の中で木簡はこの短所に規定されて，短文ですむ個別的な事柄を記録し，紙の正式な文書に対して，従属的な役割を果たしたのである。この点について，東野治之が記録簡を中心に明らかにしている[4]。すなわち，記録簡は，物品の収納や人の労務管理に関する日々の記録として用いられ，一定期間の後これらの木簡を整理して紙の正式な文書や帳簿が作成された。また官人の考課・選叙（勤務評定）の事務では，木簡は個々の官人の成績を記すカードとして使われ，これらを編綴・整理して紙の正式な文書を作成する。すなわち記録簡は紙の補助的記録材として用いられたというのである。

このような個別的な内容の記録と紙に対する従属的な使い方は，文書簡にもあてはまる。この点を律令官衙における大粮・月料などの食料の請求・支給を例としてみてみよう。大粮（衛士・仕丁・采女・工匠などの食料），月料（官人の食料）の支給に当たっては，第1段階として，月ごとに各省が被管官司の請求をとりまとめ，これらの保管官司である民部省・宮内省に請求し，両省は全体をまとめて太政官に申請して出給の許可を得る。第2段階として，先の出給許可を前提として，各官司から日々ごとなどの個別的な請求がなされ，支給される。この手続きのなかで，第1段階の月ごとの太政官にまで至る請求と出給許可には紙の文書が（例えば正倉院文書の天平17年大粮請求文書），第2段階の実際の日々の個別的な請求・支給には木簡の文書（例えば，平城宮木簡の陰陽寮から大炊寮への常食＝月料請求文書，図1）が用いられ，さらに各官司内での個人の請求・支給にも木簡（「請飯」と書き出す飯請求木簡など。口絵4）が使われたと思われる。

このように月ごとの正式な請求と出給の手続と，日々の個別的な実際の請求と支給との間で，紙と木簡が使い分けられ，木簡は正式な紙の文書に対して従属的な使い方をされた。また文書簡

図1 平城宮跡出土月料請求木簡

・陰陽寮移 大炊寮 給飯捌升 右依
・例給如件録状故移 従八位下□

は，発信者と受信者の間で授受された後，いずれかに蓄積され，記録簡と同じく，紙の文書作成のための資料として使われることもあった。文書木簡の用途と機能を考えるためには，前記のように物資の出給などにおいてどのような手続きがとられ，その中で紙と木簡がどのように使い分けられたかを明らかにする必要があり，このような意味で，筆者も参照した俣野好治の物資の保管・出給とその手続に関する研究は価値が高い[5]。

いうまでもなく，文書木簡が個別的なことに用いられ，紙に対して従属的な位置にあるのは，木簡が長文や長期間保存を要するものの記録に適さないからである。上記のような用途においては，個別的な内容であるから短文ですみ，またその用件が完了し紙の文書にまとめられれば不要になって，長期間の保存を必要としないから，木簡でも間にあうのである。また木簡が削られて改竄され易く，印を押せないことも正式の文書として使われない理由であろう。このように木簡の用途は，その書写材料としての短所によって，消極的に規定されているから，木簡の代りに紙を用いてもよかった。したがって，文書における紙と木簡の使い分けはあいまいな面があって，同種の文書に紙も木簡も使われることがあった。しかし，両者の間に一応の使い分けがあるのは，古代において紙が高価で入手しにくいものであるのに対して，木簡が容易に入手し得るものであるという両者の間の価値判断があり，木簡ですませられることには木簡を用いるということがあったからであると考えられるのである。

荷札の用途と機能 荷札については，国・郡・郷における作成段階，用途と機能について論じられている。作成段階については，今泉が荷札の書式・書蹟・形態などについて国・郡・郷のどの段階において共通・相違点があるかを検討して，各種の貢進物の作成段階を考察し[6]，これに対して東野は，貢進物の製造段階を明らかにすることによって別の見解を主張している[7]。

用途と機能については，貢進物の検収と保管の2点が指摘されている。検収とは，貢進物の収納の際に，決められた品目・数量・品質のものが貢進されているかを検査することである。中央政府における貢進物の収納には長期間を要し，貢進側の国と中央の収納官衙との間で貢進物が受納され，日々その受納分に関して，収納官衙から貢進側へ日収（収文）という受領書が渡され，さらに全体の収納が終った段階で，返抄という全体の受領書が交付された。荷札は最初の貢進物の受納の際に荷物からはずされ，収納官衙において貢進物の品目や数量の確認と，日収作成の資料として用いられた。荷札が検収に用いられることは，長岡京左京2条2坊6町の太政官厨家から多数出土した地子の荷札によって実証された。近年刊行された『長岡京木簡一』[8]でこの問題を論じている。

保管とは，貢進物の収納後，倉庫に保管しておく際，物品付札と同じく，荷物の品目や数量などを明示する働きである。このことは収納後も荷札が荷物に付けられていることを前提とするから，前記の検収の機能とは矛盾するかにみえるが，このことについて，東野は，貢進物には複数の荷札が付けられ，一部が収納段階ではずされ，一部は保管段階にも残されたと考えている[9]。この保管に関して，舘野和己は，平城宮跡において国と種目・品目を同じくする荷札が，まとまって同一の遺構から出土する例などから，貢進物が倉庫において同一品目・国ごとに保管されていることを明

47

らかにした[10]。

荷札の用途について注意すべきは、検収事務において荷札が紙の日収の作成の資料として用いられることである。これは文書木簡が紙の補助的記録材として用いられるのと同じで、文書・荷札を通しての木簡の特性として指摘できる。

習書 岸俊男は、木簡に漢籍などの典籍の習書があることに注目して、典籍などの書写において浄書には貴重な紙を、筆ならしや練習には、削れば再使用できる木簡を用い、両者の間で使い分けがあったとする[11]。これに対して、東野は、木簡の漢籍などの習書は、官人が漢籍などを学習するために抄出（抜き書き）したもので、木簡には抄出の機能があると考えた[12]。この抄出の使い方はやはり個別的な内容の記録ということである。また東野は、習書木簡の片言隻句の典拠となった漢籍の同定を通じて、日本古代における漢籍の受容を明らかにした[13]。

具注暦木簡と大型木簡 木簡の使い方に関して、静岡県城山遺跡出土の具注暦（季節や日の吉凶を注記した暦）木簡が問題を投げかけている。この木簡は天平元年（729）の具注暦の一部で、長さ58cm、幅5.2cmの大きなものである。原秀三郎は、この木簡が表に歳首部、裏に正月18・19・20日の3日分を記すことなどから、複数の簡からなるものの1簡であるとして、本来の形態を7列9段に重ねられた63枚で1年分を構成するものであると復原した[14]。中国の漢代以前には複数簡を編綴した冊簡の使い方があるのに対して、日本の木簡は単独簡の使用を原則とし、それが紙木併用の木簡の特徴であるわけであるが、原はそのような中で、この具注暦木簡が冊簡になることは確認できないものの、複数簡の組みあわせで一つの機能を果すものであることに注目している。これに対して、東野は、この具注暦木簡が、原のいうように1年分が1組になるようなものでなく、巻子の1年分の具注暦が使いにくいので、必要な部分を抜き書きしたものであるとして、木簡の抄出の機能から理解した[15]。しかし、たとえ1年分のセットになっていないとしても、この具注暦木簡はその表裏の記載内容からみて、複数簡が組みになっていたことだけは確かであろう。

木簡の記載内容は短文であるのが一般的な中で、この具注暦のほかにも、帳簿の記載をもつ長文で大型の木簡が少数存する。伊場遺跡の屋棟帳

（21号、＜116.5＞×＜6.2＞cm）、藤原宮跡の弘仁2年（811）の庄園の収納簿（98.2×5.7cm）、滋賀県鴨遺跡の貞観15年（873）の稲の対員を記録した帳簿（116.5×＜6.4＞cm）などである。これらの大型木簡は、告知札のように掲示の機能をもつものもあるかもしれないが、それだけでは説明し切れない点もあり、その用途と機能は今後の課題である。

3 様 式

日付の位置 木簡の記載の様式（書式）については、藤原宮木簡などによって7世紀末の実例がふえることによって新しい問題が提起されるようになった。一つは荷札・文書の日付けの位置の問題である。荷札の日付の位置が、大宝2年（702）の大宝令施行を境に文の冒頭から末尾に変化することは、早くから指摘されていたが（口絵5）、岸俊男は、日本への木簡の伝来の時期や経路を解明する手掛りになるとしてこの問題をとり上げた[16]。まずこの変化が荷札ばかりでなく、文書木簡や金石文にもみられることから、大宝公式令の施行に基づくものと考え、さらに朝鮮では冒頭記載が時代を通じて一般的であり、また中国では同じ変化が5世紀末ごろにみられることから、日本への木簡の伝来が朝鮮経由である可能性を指摘し、大宝公式令による変化は唐制の影響であるとした。

「某の前に申す」の上申文書 藤原宮木簡の文書に、書き出しや書き止めに「某（＝充所）の前に申す」という文言をもつ上申文書があることが指摘されていたが（口絵2）、その後、この様式は7世紀末から8世紀半ば頃までの木簡・正倉院文書などにみえ、大宝公式令に規定する上申文書に先行するものであることが明らかになってきた。東野は、この文言は和文的なものでなく、その源流は中国六朝の文書様式にあるとし、さらに進んで、浄御原令・大宝令時代の文書の「解」「奏」、「詔」「勅」の文言が、公式令の規定の意味でなく、単に「申す」や「宣る」の意味に用いられることがあり、また大宝公式令の文書規定が規定通り行なわれないこともあることなどから、日本古代の文書制度では、浄御原令時代のルーズな文書様式が基盤としてあり、唐制に基づく大宝公式令の文書制度の実施は皮相的なものにとどまったとする[17]。

これと異なって早川庄八は、「某の前に申す」の様式は人から人への口頭伝達の文言を文書化し

たもので，大宝公式令の官司を充先とする文書様式に先行するものであって，官司と官職が未分化で官司の機能が未成熟な大宝令前の官制に対応する様式であると意義づけた。早川はまた，文書簡と正倉院文書の様式と用途について，公式令の規定との異同を検討し，規定との異同に関して木簡と正倉院文書は質的に変わりがないことを明らかにした[18]。この論文は，これまで公式令の説明にとどまり，遅れていた古代古文書学の新たな構築を意図したものであるが，また機能・用途論が先行し，おくれていた木簡の様式論を大きく進めるものであった。

4 現物に即した諸問題

料材の製作技法 現物に即した問題としては，形態・大きさ，書蹟，料材の樹種や製作技法の諸点があるが，近年料材の製作技法について，同材から作られた木簡の資料の検出によって，新しい知見が加えられた[19]。すなわち，(1)長岡京・平城宮跡出土の木簡によれば，まず作るべき木簡の幅の厚さの厚めの板材を用意し，これを小口から側面に平行に，木簡の厚さの幅に割る。次にこれを木簡の長さに切断すればでき上る。この技法によれば，最初に用意する板材が板目板ならば柾目板の，柾目板ならば板目板の木簡ができ上る（図2）。この技法が唯一のものでなく，他の技法も想定できる。例えば，多賀城跡第47次調査出土の付札は，最初の板材を木簡の幅に割って作ったものである。(2)製作の基本的な手法は，割り・切断・削り・切りこみの4つである。割りと切断によっておおよその形が作られ，削りによって調整される。割りは木理に平行に，切断は木理に直交する方向に施す。薄い材ならば切断しきってしまうが，厚い材は切りこみを入れて折るのが普通である。削りによって，上下左右の四辺と墨書する表裏面を整形・調整する。割りや折りのままで四辺を整形しない木簡も多い。切りこみは，左右辺にV字形切りこみを施すものである。料材の樹種の大部分が檜・杉の針葉樹であるのは，製作技法において割りが重要な部分を占めるためである。(3)製作技法を解明するためには，同材の木簡を検出することが必要であるが，そのためには機器による年輪幅の測定と，その年輪グラフ化が有効である。

このほかの問題については旧稿に整理したので簡単にのべる。書蹟については，飛鳥・藤原宮木簡など7世紀の木簡が多数出土することによって，これまで十分に明らかでなかった7世紀から8世紀の書風の変遷について，8世紀初めを境として，六朝様から初唐様へ変化することが明らかになった。

料材の樹種については檜・杉などの針葉樹が多いが，そのような中で隠岐国の荷札に杉材が多く[20]，大宰府の木簡に椎材が用いられるなどの，樹種に関する地域性が指摘されている。

5 中・近世木簡と呪符木簡

中・近世木簡 従来古代木簡を中心に研究されてきたが，近年，中・近世木簡の研究も進められつつある。点数は多くないが，中世木簡の出土遺跡が大幅に増加してもいる。中世木簡の中では，室町時代の草戸千軒町遺跡の木簡が4,000点にも及び，質量ともに豊富で，その正式報告書『草戸千軒 木簡一』が刊行された[21]。志田原重人は，この草戸千軒木簡を中心に，古代木簡に対する中世木簡の特徴として，形態では板材のもの（60%）のほかに角材のもの（40%）があること，記載内容では，売買・取引，物資の調達・移動に関する覚え，荷札・付札などがあり，狭義の文書はないこと，内容が私的なものであることなどを指摘している[22]。水藤真は，木札使用に関する文献史料を検討して，中世から近世にかけても墨書木札が多様な用途に用いられていたことを明らかにしている[23]。

呪符木簡 祭祀に関わる呪符木簡は木簡の中でも特殊な用途のものであるが，斎串，物忌札，人形などとともに古代から用いられ，中世には木簡の中でその比重が重い。和田萃は，これら祭祀関係の遺物全体について，分類，機能と用途，時代

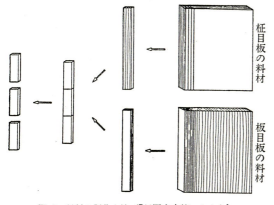

図2 料材の製作方法（『長岡京木簡一』より）

的変遷，中国・朝鮮との関係などの諸問題について論じた[24]。そのすべてを紹介できないが，呪符木簡には，「急々如律令」の呪句を記したもの，道家の秘文である符籙や祭儀の図を描くもの，神仏の名号を記すものの三類があり，内なるケガレを外に追い出し，外界のケガレの侵入を防ぐのに用いる。斎串は聖なる空間を画定するのに用い，物忌札は内部のケガレの拡散を防ぐのに用いる。これら三者はいずれも，聖とケガレの空間を分ける機能をもち，地面に突きさして用いるので木札が使われたとする。

6 遺跡・遺物と木簡

発掘調査において文字を記した木簡の出土する意義は大きく，発見の当初から，木簡は遺跡の性格と年代，共伴遺物の年代の決定に利用されてきた。平城宮跡出土の土器は，平城宮Ⅰ〜Ⅶに編年され，主に共伴木簡の年代によってその実年代が与えられている。また平城宮跡では，木簡によって西宮，大膳職，造酒司，陰陽寮，式部省などの宮殿・官衙名が比定され，さらに，例えば伊場遺跡や近年発見された山垣遺跡（兵庫県春日町）などでは，関連する文献史料がないにも関わらず，木簡によってある程度遺跡の性格が考究できるのである。このように考古学に木簡を活用する上での方法的問題点について，今泉が検討している[25]。

遺跡の性格　まず木簡を遺跡の性格の決定に用いるためには，木簡の機能・移動・廃棄について検討する必要がある。木簡は内容に基づき一定の機能をもち，文書簡や荷札はその機能に関連して移動する。そして機能を果したところで廃棄される。出土木簡はこのようにして廃棄されたものであり，出土状況が廃棄状況を示す。したがって，木簡の内容を出土遺構に結びつけるには，出土（＝廃棄）地点と状況の意味を，その木簡の機能・移動の検討から明らかにすることが必要なのである。簡単な例をあげれば，ある木簡に「大蔵省」と記されていても，大蔵省がその文書の差出なのか充先なのかそれ以外なのか，そして出土遺構が差出・充先のいずれに当たるのか，これらのことが決まらなければ，木簡に記された大蔵省と出土遺構との関係は決まらないのである。もちろんこのような木簡に関する検討の前提として，遺跡・遺構の内容，共伴遺物，文献史料について総合的に考察することが必要である。

遺構と遺物の年代　木簡に記された年紀はおおむね作成の年代を示すが，これによって出土遺構や共伴遺物の年代を決定するためには，木簡の作成から廃棄までの期間がどの程度あるのかを明らかにする必要がある。木簡は，元来長期間の保存に適さないから，おおむねこの期間は短いが，種類と内容によっては長いこともある。文書木簡は紙の文書に整理されれば，また検収に用いる荷札も検収事務が終れば不用になるから，短期間に廃棄される。保管に用いる荷札は，荷物の品目の違いによって消費までの期間が異なるから，荷札の廃棄までの期間にも長短がある。魚，海藻など長期間保存できないものは貢納後短期間に消費されるから，廃棄までの期間は短く，塩などの長期間保存できるものは，20年以上も保存したのちに消費され，廃棄されることがある。題籤軸，習書の年紀は共伴木簡のそれよりも古いことがあるが，題籤軸は文書の保存に用いられるからであり，習書は書写年代に関係なく古い年紀を記すことがあるためである。

本稿を締めくくるに当たって，木簡研究の方法について，かつて岸俊男が指摘した，木簡を考古学の遺物として取り扱うこと，現物の観察・調査に基づき研究すること[26]と，関連する文献史料の研究を深めることの3点を強調しておきたい。紙幅の都合で，とりあげるべくしてふれられなかった研究のあることをおことわりしておきたい。

註
1) 鬼頭清明「日本における木簡研究の進展と課題」歴史評論，389，1982
2) 今泉隆雄「日本木簡研究の現状と課題」歴史学研究，483，1980
3) 狩野　久「木簡」『古代の日本』9，1971。岸俊男「木簡研究の課題」第1回木簡研究集会記録，1976（『宮都と木簡』吉川弘文館，1977に再録）。横田拓実「文書様木簡の諸問題」奈良国立文化財研究所『研究論集』Ⅳ所収，1978
4) 東野治之「奈良平安時代の文献に現われた木簡」奈良国立文化財研究所『研究論集』Ⅱ，1974（『正倉院文書と木簡の研究』塙書房，1977に再録）。「成選短冊と平城宮出土の考選木簡」『正倉院文書と木簡の研究』所収。「平城宮出土の木簡―木簡概説の試み―」『日本古代木簡の研究』所収，塙書房，1983
5) 俣野好治「律令中央財政機構の特質について」史林，63—6，1980

6) 今泉隆雄「貢進物付札の諸問題」奈良国立文化財研究所『研究論集』Ⅳ，1978

7) 東野治之「古代税制と荷札木簡」ヒストリア，86，1980（『日本古代木簡の研究』に再録）

8) 向日市教育委員会『長岡京木簡一』1984

9) 註7）に同じ

10) 館野和己「荷札木簡の一考察一貢進物の保管形態をめぐって一」奈良古代史論集，1，1985

11) 岸　俊男「木と紙一木簡研究の一齣一」『横田健一先生還暦記念日本史論叢』所収，1976（『宮都と木簡』に再録）

12) 東野治之「平城宮木簡中の『葛氏方』断簡一習書と木簡一」『日本古代木簡の研究』所収

13) 東野治之『正倉院文書と木簡の研究』塙書房，1977。『日本古代木簡の研究』塙書房，1983

14) 原秀三郎「静岡県城山遺跡出土の具注暦木簡について」木簡研究，3，1981

15) 東野治之「具注暦と木簡」『日本古代木簡の研究』所収

16) 岸　俊男「木簡と大宝令」木簡研究，2，1980

17) 東野治之「木簡に現われた『某の前に申す』という形式の文書について」『日本古代木簡の研究』所収

18) 早川庄八「公式様文書と文書木簡」木簡研究，7，1985

19) 註8）に同じ

20) 東野治之「木簡にみられる地域性」『講座考古地理学』1所収，1982（『日本古代木簡の研究』に再録）

21) 広島県草戸千軒町遺跡調査研究所『草戸千軒　木簡一』1982

22) 志田原重人「草戸千軒町遺跡出土の木簡」木簡研究，3，1981。「中・近世の墨書木札類」歴史公論，99，1984

23) 水藤　真「木に墨書すること一中世木簡の用例一」史学雑誌，93—11，1984

24) 和田　萃「呪符木簡の系譜」木簡研究，4，1982

25) 今泉隆雄「木簡と歴史考古学」『日本歴史考古学を学ぶ』下巻，1986

26) 註3）岸論文

＊註には本稿でとりあげたもののみあげたので，重要な研究であげえなかったものがある。それらについては，横田拓実・鬼頭清明『古代史演習　木簡』（吉川弘文館，1979）や今泉隆雄「日本木簡研究の現状と課題」（註2）などを，また木簡の出土遺跡については『木簡研究』1～8を参照されたい。

漆 紙 文 書

国立歴史民俗博物館
■ 平 川 　 南
（ひらかわ・みなみ）

漆紙文書の研究は，文書内容のみにとどまらず，漆塗作業との関連を重視し，漆紙そのものの観察が必要である

漆紙文書が1978年宮城県多賀城跡ではじめて発見されてから，まだ8年しか経ていない。にもかかわらず，全国各地の発掘調査において漆紙の発見が相つぎ，現在までのところ，約30遺跡を数えている。これは私たちが多賀城跡で発見当初，次のように強調していたことを裏付ける現況であるといえる。

漆は紙に偶然付着したのではなく，漆の状態を良好に保つために紙を密着させてふたをしたため，その紙に漆が浸み込み，地中で遺存したのである。その際に用いられる紙は多くの場合，役所の公文書の反故であることから，これらの紙の発見は新たな古代文書の発見に繋がるのである。また漆紙文書は漆塗りの作業の過程で漆が浸み込んで遺ったのであるから，多賀城跡だけの特殊性によるものではない。したがって，漆紙文書は今後新たな考古遺物として，全国各地の遺跡から出土する可能性がある。

現在では，漆紙文書が木簡に劣らない意義をもつことは誰しも異論のないところであろう。しかも，漆紙文書はあくまでも文書の反故の二次的利用である点から，木簡とは異なり，文書そのものとして取り扱えばよいのである。木簡のようにその記載様式や形態などに関して独自の分析や比較検討を加える必要もない。その点から，漆紙文書はいわば取り扱いやすい資料と一般的には受けとめられている。

しかし，漆紙文書を改めて出土資料として位置づけて，以下のような点を検討する必要があるのではないか。出土遺構・伴出遺物などとの関連および漆紙そのものの詳細な観察に眼を向けなければならない。また，漆紙文書は漆塗作業との関連で把えられるべきもので，漆のふた紙や絞り紙としての側面に再着目するとともに，その反故紙の

保存や供給ルートの究明を通して，広く律令文書行政の実態解明にまで迫る必要さえあるのである。

私は，最近「漆紙文書に関する基礎的研究」と題して，漆紙文書について，出土資料である点と漆との関連を改めて重視し，基礎的な分析を試みた。

そこで，以下，その中で指摘した点も含めて，現状で多くの課題をかかえた漆紙文書研究のうちでも，早急に解明せねばならない数テーマについて，出土例に照らして，問題点と若干の見通しを述べてみたい。

1 遺跡と出土状況

漆紙文書を出土する遺跡は東北各地の城柵遺跡をはじめとして，宮都・国府・郡家さらに最近は集落遺跡の例も報告されはじめている。現在までのところ，出土遺跡は東日本に集中している。この傾向はまだ漆紙文書に対する認識が新しいだけに，今後の趨勢を注意深く見守りたい。

また，官衙遺跡からの発見例が圧倒的に多い。これは，漆の消費量に一応比例しているといえる。漆工芸や漆を接着剤に使用する例は縄文前期以来であるが，とくに奈良・平安時代には大規模な宮都・地方官衙（国府・郡家・城柵など）さらに寺院建築において，漆が多量に消費された。また一段と装飾性を加え，精巧を極めた調度品や武器武具などにも漆は惜しみなく使用された。

建造物関係については，例えば，「正倉院文書」に収められた法華寺阿弥陀浄土院金堂造営関係史料に，次のようなものがある。〔『大日本古文書』巻16—266〜267〕。

（前略）

請漆
*「九　二　六」
合貳斛捌斗肆陸升肆合
*「八　ゐる」
　一石二斗一升八合堂柱十四根塗料柱別八升七合
　　　*「五　九」
　　七斗二升八合壤料柱別五升二合

　　四斗九升土漆料柱別三升五合

　　一斗二升六合高坐二基塗料基別六升三合
　　　　*「七」
　　五升二合二度土漆料基別二升六合
　　　　*「九」
　　七升四合三度墨漆料別三升七合
　*「八　四四勺」
　　七升六合高坐橋二基塗料
　　　　*「四」
　　三升六合二度土漆料基別一升八合
　　　*「四合四勺」
　　四升三度墨漆料基別二升

一斗七升塗高坐大床二基漆料別八升五合
*「五合」
　九升塗二基二度土漆料別四升五合
　*「五合」
　八升塗二基二度墨漆料別四升

（後略）

このように，寺院造営にあたって，調度品は勿論，建物内部の柱などに多量の漆を用いたのである。したがって，漆の消費量からいえば，現状では報告例がほとんどない寺院（中央・地方を問わず）での今後の出土が大いに期待できるのである。また，宮都の場合，中央官衙機構のなかでも，とくに漆器や武器武具などの製作にかかわる内匠寮・兵庫寮などの関連遺構を検出できれば，多量の漆紙文書の発見が考えられる。すでに平城京・東市周辺東北地域の調査では，漆器工房跡を検出し，漆紙文書の他，漆塗用の刷毛，漆撹拌用の笆，漆絞り布および紙など漆関係の多くの遺物が出土している（奈良県『平城京左京八条三坊発掘調査概報』1976）。一方，近年報告例の出はじめた一般集落遺跡においては，官衙のように集中的に多量の出土は望めないとしても，今後各地の遺跡で検出されることは確実である。

出土遺構は，官衙跡では土壙からの検出例が圧倒的に多いが，秋田城跡のように築地積土の崩壊土中という例や，胆沢城跡では具注暦断簡が発見された幅15cmほどの小溝という例もある。また，鹿の子C遺跡のような工房跡の場合，工房に用いられた竪穴遺構の床面や埋土中から多量に検出されている。集落遺跡では，これまでの例では，すべて竪穴住居跡内から出土している。

木簡は水中または湿気を帯びた遺構でないかぎり遺存しないが，漆紙文書の場合は，漆の力によって遺るのであるから，全く遺構を特定できず，あらゆる条件下で遺る可能性がある。それだけに木簡のように，ある程度出土遺構を予測して調査することができないので，常に調査にあたって細心の注意が必要となってくるのである。

2 文書内容と遺跡・遺構の性格・年代

多賀城漆紙文書が8世紀後半の多賀城を中心とした東北の動きを生き生きと浮き彫りにさせる好資料であったことは周知のとおりである。その後，発見された常陸国府の工房跡・鹿の子C遺跡は約300点もの出土例をほこり，内容的にも，従来知られていなかった検田帳，兵士自備装束検閲

簿，戸口集計文書など重要文書を数多く含んでいる。また，鎮守府の設置された岩手県胆沢城跡では 1981 年以降毎年漆紙文書が発見され，現在までに約 50 点に達し，胆沢城創建当初の貴重な文書や古文孝経の写本断簡，戸番を有する兵士歴名簿などがあり，律令国家の辺境支配の具体相が明らかになってきている。

このように，各地から出土する漆紙文書の内容の豊かさはまさに"地下の正倉院文書"という表現にふさわしい。しかし，考古資料としては 1 つ克服しなければならない問題を含んでいる。

木簡がこれまでに遺跡全体または各遺構の性格や年代を決定する重要な資料となった例は決して少なくない。それは木簡が官衙などの機能を端的に伝える資料であるとともに，木簡の特性として，使用後まもなく廃棄し，長期間保存することが通常あまりないことによるのであろう。それに対して，漆紙文書は文書の反故を二次的に漆のふた紙として利用したものであるから，その文書内容および年紀がただちに遺跡・遺構の性格や年代決定の資料とはなりにくいとするのがこれまでの一般的な見方である。

しかし，仮に文書の保存期間と文書の反故および漆工人の反故紙調達の経緯が明確になるならば，その漆紙文書の内容およびその年代は出土遺跡や遺構を考える上できわめて重要な手がかりとしてクローズアップされてくるであろう。いいかえるならば，漆紙文書を改めて考古資料と位置づけ，文書内容の検討と同時に，上記の諸条件について綿密な検討を加えるならば，遺跡・遺構の性格や年代を推定する有効な資料となりうるのである。

なお，付け加えるならば，これまでの各地の官衙遺跡の出土例から推して，紙の調達はきわめて限定された範囲内（当該官衙内）で行なわれていると判断してよさそうである。一方，集落遺跡については，その点，より慎重に扱う必要がある。集落遺跡発見の紙（文書）は集落の住民が使用した紙（文書の反故）か，集落外から調達した紙（文書の反故）なのかは内容上判別できるものはともか

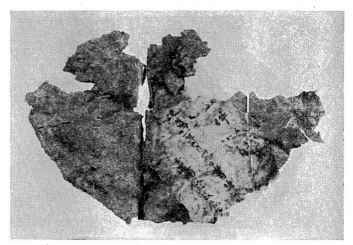

図 1 胆沢城跡第 6 号文書（折りたたまれた紙を順次開いて文書を解読）
（水沢市教育委員会提供）

く，一般的にはいずれとも決しがたいという点に留意しなければならない。

3 漆紙と漆塗作業の関連

漆紙文書の研究はその内容のみならず，古代における漆塗作業の過程も解明しなければならない。その方法としては，古代の漆塗について，まず文献史料を詳細に検討することにより，その作業過程を具体的に明らかにすることである。また，漆の技法は，古代から現在まで，種々変遷をみてきているものの，基本的な技術についてはほとんど変らないといってよい。そこで，現代の漆工の技術についても参考にすることができるであろう。さらに，出土した漆紙についても，漆紙の廃棄形態，漆の付着状態，漆関係遺物など詳細に観察する必要がある。例えば，漆紙の廃棄形態についてみると，次のようになる。

(イ) ふた紙をそのままの状態で投棄しているもの（裏面の漆が硬化した状態のままで投棄され，漆の付着しない部分が地下で腐蝕し円型に残存したもので，直径 10 数 cm から 30 cm を超える大型のものまでがある。）

(ロ) 二つ折りの状態のもの（漆紙の投棄の仕方と

図2 茨城県鹿の子C遺跡第66・67号文書（表に戸籍，紙背に具注暦，最後に両面に習書を行なっている）

しては最も一般的なもので，漆液を内側にして包こむように折りたたんで投棄したものである。）
(ハ) 二つ折り以上の複雑な形を呈したもの
(二) 土器に付着した漆紙（これは漆塗の作業として，漆桶から漆をとり分けてパレットとして使用した土器の中の漆液にふた紙をしたものが，そのまま硬化したため，土器ごと棄てたと考えられる。）

こうした漆紙の観察を通して，漆がどのような作業の過程で用いられたか，ある程度判断が下せるのである。例えば，建物の大規模な造営であれば，漆も多量に準備され，それに伴い反故紙も短期間に多量に調達され，通常の漆工芸との違いを示すものと考えられる。その場合，漆紙文書が例え断簡で年紀などを欠いても，ある程度共伴する文書の年紀などから類推することも可能である。この他にも，拙稿（前掲）で詳述したが，漆紙文書の紙継ぎ目に着目すれば，文書内容をより深く読みとることもできるのである。

4 その他

最後に，二，三の注意すべき点について，簡単に触れておくこととする。

これまで発見された漆紙文書のなかには，「正倉院文書」では知りえない性格の文書も少なくない。例えば，秋田城跡の出挙帳様文書や鹿の子C遺跡の兵士自備装束検閲簿，戸口集計文書などで

ある。実際のところ，「出雲国計会帳」や『政事要略』巻17・交替雑事などで知られる雑公文の中には，「正倉院文書」として伝わらないものが多くある。それ故に，発見された漆紙文書の性格を考定する際に，「正倉院文書」に例のあるものはともかく，例のないものについては新たに文書名を付す場合に慎重を期さねばならないのである。

もう1つの注意すべき点は，漆紙文書は古代に限って問題としてきているが，上記のような漆塗作業は中世以降も続けられたと判断できるだけに，今後，中世以降の遺跡においても漆紙文書の発見が期待できるのである。

以上，漆紙文書研究の課題などについて気付いた点を若干とり上げてみたが，漆紙文書に関しては，上記のような基礎的研究を経てはじめて漆紙文書の内容をさらに拡大して読みとることができ，また漆紙文書が木簡と並んで新しい古代史の資料として幅広く活用できるのである。

参考文献

漆紙文書を出土した各遺跡のそれぞれの調査報告書以外では，主なものとして以下のような文献があげられる。

1) 平川 南「多賀城跡発見の計帳様文書」日本歴史，312，1974
2) 桑原滋郎「多賀城における器物製作を示す二，三の資料」宮城県多賀城跡調査研究所研究紀要，V，1978
3) 平川 南・白鳥良一・後藤勝彦「宮城県下窪遺跡の漆紙文書」宮城県多賀城跡調査研究所研究紀要，Ⅶ，1980
4) 岸 俊男「土に埋もれた紙」歴史と人物，1982年6月号（のちに『古代宮都の探究』所収，1984）
5) 佐藤宗諄「『漆紙文書』出土概要」木簡研究，4，1982
6) 平川 南「秋田城跡第二号・第三号漆紙文書について」秋田城跡発掘調査事務所研究紀要，Ⅰ，1984
7) 鎌田元一「日本古代の人口について」木簡研究，6，1984
8) 川崎純徳監修『シンポジウム 鹿の子遺跡と常陸の古代』崙書房，1984
9) 平川 南「胆沢城出土の漆紙文書」えとのす，26，1985
10) 平川 南「漆紙文書に関する基礎的研究」国立歴史民俗博物館研究報告，6，1985
11) 「鹿の子C遺跡の検討」古代を考える，40，1986

鏡　鑑　銘

―漢鏡の場合―

宮内庁書陵部
■ 笠野　毅
（かさの・たけし）

鏡銘による編年的な研究は紀年銘のほか，特定の字句・名辞によっても可能である。しかし，いずれの場合も慎重な配慮が必要である

漢鏡銘に基づく考古学的な研究といった場合，すぐに想起されるのは，鏡の編年的な研究と鏡背図文の研究であろう。この代表的な研究テーマの一つをとりあげてみよう。

1　紀年鏡による編年的な研究と有効性

周知のとおり，漢鏡には，製作された年号・年次さらには月や日が記された紀年鏡があって，鏡の編年的な研究に大変重要な役割を果している。現在，紀年鏡の総数は約 200 面といわれる。

従来，紀年鏡は，中国でことに珍重され，わが国でも一部で注目されたが，大正の中頃，富岡謙蔵氏は，紀年鏡を軸にすえて鏡式ごとの製作年代を推定する本格的な研究を された。現在の鏡式名でいうと，円圏規矩鏡，還状乳・建安重列式・対置式・階段式の各神獣鏡，獣帯鏡，獣首鏡の各鏡式ごとの製作時点と盛衰を論じた成果を発表された[1]。これは方法論・型式学・精確さ・影響度において，単に漢鏡の研究史上のみならず，日本考古学史上も画期的な研究であったと評しうる。

その門弟の梅原末治氏は，師の方法を継承して『漢三国六朝紀年鏡図説』(1934) を著わして 115 面の紀年鏡を集大成された。その後も資料の収集に努められ，「漢三国六朝紀年鏡総目」[2]によって前著を訂正増補されたのである。

戦後の新中国 における 発掘調査 の 進展とともに，紀年鏡は確実な増加をたどり，わが国でもわずかながら新たな出土と知見をみている。

製作時点を絶対年代で表示する紀年鏡の蓄積の結果，新の居摂元年（口絵 1）以降 のほぼ全鏡式について，鏡式ごとの製作年代，鏡式相互の前後・併行関係，一鏡式内の図文・縁などの変遷，漢鏡全体の中での諸要素の変遷などを考える核が提供されたのである。樋口隆康氏『古鏡』(1979) はこうした資料を踏まえた成果の一つであろう。

翻って，考古学的な編年は，多くの場合，層位学と型式学による相対年代すなわち前後・併行関係にとどまり，しかも比較対照する共通の要素が欠けたり，薄弱な場合，それすら難しい。また，型式学は，形成・発展・衰退の図式を前提とするため，これに反する事象を拾い上げたり，存続期間の長短や時間の差を確定することも非常に困難である。こうした諸点を考えると，絶対年代の求められる紀年鏡の価値は，考古学にとって非常に高いものといわなければならない。

しかし，紀年鏡のこうした有効性の反面，いくつかの限界性もある。その最たるものは，紀年銘の信憑性に関わる問題である。すなわち，紀年銘または釈読された紀年銘の年号・年次・月・日にはそのままでは信用しがたいものがある。

2　釈読する側の原因により，紀年銘が信用しがたいもの

（1）　年号かどうか，疑問のあるもの

例えば，位至三公鏡の紀年銘とされる「天平三年」は，実際ほとんどそうは釈しえない。

（2）　別の王朝の年号の疑いのあるもの

例えば，対置式神獣鏡の「太和園匣□□己巳」は，東晋代とされたが，後に魏代に改められてかえって疑われている。階段式神獣鏡の「建武五年」も南斉とするのは疑わしい。複数の王朝で用いられた同名の年号の比定には誤りが生じやすい。

（3）　年号・年次・月・日および年次・朔・日の干支の一部に誤釈の疑いのあるもの

筆者は紀年鏡に暗く，今後改められるべき実例を挙げえないが，過去に誤釈を犯して訂正された紀年銘ならば，例えば，対置式神獣鏡の「□初四年五月 壬申朔十四日」が「黄初四年五月 壬午朔十四日乙未」（西紀, 391）（223）と訂正されたのをはじめ，かなりの例を数える。紀年鏡を通覧して印象深いのは，銘字が漫漶としたものが多いことである。そうした鏡では，銘が判然とせず，文字の筆画とまぎらわしい条線も現われる。また銹に覆われたり損われたりする。したがって，先学の釈された紀年銘には，釈しがたくて誤釈の危険をおかし，釈しえずに前後の文脈から推測された分子が含まれている。

3 記された紀年銘がそのままでは信用しがたいもの（1）

紀年鏡の中には，正しく釈されながら，記された年次・月・日および干支が，実際の暦日にない場合がある。なぜそのようなことが起こるのか，すべてのケースについて解明されているわけではないが，単純な誤刻によって紀年銘と実際の暦日との間に齟齬が生じたものと，特別な理由があって実際に製作した年月日を偽わったために生じたものとの，少なくとも2種類がある。

後者の場合の一つは，思想・宗教的な理由による紀年の捏造である。この典型は，作鏡の月日を「某年正月丙午」「某年五月丙午」と記す類で，「正月丙午」「五月丙午」およびこれに類する表現は，鏡・帯鉤・刀剣などの金属器の製作月日として見える。例えば，次の獣首鏡銘のとおりである。

①延熹九年正月丙午日作ν 竟自有ν 方，青龍白
　　(166)
　　虎侍ν 左右＿，□者長命宜＿ 孫子＿，𠥓□□
　　□□□□吉兮　　（口絵2）

ところが，その製作された年月の暦を検討すると，丙午の日がないケースがその半数以上に達するのである。明らかに何か特別な理由があったと考えなければ理解できない。そこで「正月丙午」「五月丙午」は，金属器製作の吉日と考えられていたと推測される。なぜならば，十干の丙は，強力な火性を意味し，十二支の午は，陽の最たるものであるから，「丙午といえば，火性と陽とのかさなりによって，火熱をとりあつかう鋳金家にとっては，理想的と考えられた干支であったわけである。さらに古代の太陰暦では，五月といえば盛夏にあたっていた。そういう思想があったので，その年の五月に丙午の日がなくても，五月丙午日につくったという慣用句が，なかば呪文のように用いられたのである」。「正月丙午の日も，それにつぐ吉辰とされていたようである」[3]。正月は，7月〜12月の陰（水・弱・暗）に対して陽（火・強・明）の始まりにあたるから，高温強力な火熱を必要とする金工家にとって鋳造・鍛造にふさわしい月であったといえる。

月日のみならず，鏡を作った年月日時のいずれもが，太陽（陽中の陽）■あると記す鏡がある。

②寳鼎三年，歳次＿太陽＿，五月丙午，時加日
　　　　　　(鏡)　　　　　(煉)
　　中，𨟖作明竟＿，百□湅清銅＿，□□□銅
宝鼎3年の歳次は丁亥であるが，これを「太陽」

といい，この5月には丙午の日はないが，例によって「五月丙午」といい，さらに作鏡の時刻を「日中」すなわち日が南中する正午としている。火性が最も強く，陽気が最も盛んで，その気を受けた物＝鏡は長大強盛となる太陽が作鏡の年月日時に選ばれているのである。この場合も，意図した作為が作鏡の年月日時に加えられている。

4 丙午・並五・白牙・陰陽交午

さらに研究を前進させた西田守夫氏の所説[4]を紹介する。作鏡の月日には，「五月丙午」のほかに「五月丙五」「五月午日」「五月五日」「五月十五日」とも記される紀年鏡がある。「五」と「午」は，上古の中国語ではともに *ŋag で通用する。上に掲げた句は，この *ŋag を重ねて用いているので「並五 *biăn·ŋag」を意味し，これは「丙午 *piăn·ŋag」とも通じる。また，*ŋag という音のことばは，2つの物が咬合う，交叉する，交午するという意味を共通してもっている。漢の許慎の
　　　　(せつもん)
『説文』にも，「五」は「五行なり。二に従い，陰陽は天地の間に在って交午するなり」とし，「午」は「牾なり。五月，陰気，陽に牾逆し，地を冒して出づるなり」とある。語源的にも，当時の語釈においても，「五」「午」は，陰陽が交午して調和することを意味している。つまり，鋳鏡には強力な火性が重視されるとともに，他方では，陰陽の調和が求められたので，紀年銘にもこの二つの意味を兼ねそなえた吉辰すなわち丙午・午・五および以上を組み合わせた並五が，作鏡の月・日・時として表現されることとなったのである。

丙午と陰陽調和は，鏡の図像および銘にある伯
　　　　　　　　　　　　　　　　　(はく)
　　　(がだんきん)
牙弾琴と深い関係があるらしい。伯牙は，春秋時代の琴の名手として名高く，環状乳・建安重列式・対置式および階段式の神獣鏡の大部分には，
　　　　　　　　　　　　　　　　(伯)　(弾)
伯牙が琴を弾く図像（口絵3・4）と「白牙単琴（挙楽・奏楽または作楽）」の銘の双方または片方がある。当時，音楽は，陰陽を調和させるものとして重視され，鏡の伯牙弾琴もこの楽による陰陽調和を表現するものと考えられる。ちなみに，鏡背の伯牙弾琴像の配置は，上記の各鏡式の構図の違いにもかかわらず，東王父・西王母という陰陽二神を左右に置く中央すなわち陰陽を媒介する位置に共通して配される。そして，舜や師曠をはじめ
　　　　　　　　　　　　　(しゅん)(しこう)
多くの琴瑟の名手の中から，とくに伯牙が楽によって陰陽を交午調和させる者として鋳鏡家に採用

されたのは，「白牙」ということばが「丙午」を連想させたからであろうと，推測された。その根拠は，先述の丙午が，火性の重複と並五を意味し，丙より重視される午が陰陽の交午を意味することに加え，「白」は「丙」と書き替えられることもあり，両者は通用または付会されうるものであること，また「牙」は噛み合う状態を写した字形であり，五・午・御と音義を同じくすることばであること，したがって「白牙」は「丙午」と音義が似かよっていること，にある。

つまり，神獣鏡の「白牙」は，鋳金の吉辰「丙午」が権りに表現された神格の図像で，音楽によって能く陰陽を御するものであった，というのが西田氏の趣旨である。

以上を要するに，鏡銘に記された鋳鏡の月・日・時および稀に歳次には，火性の強い陽徳であり，陰陽の調和を意味し，あるいはその両者を兼ねたものが選ばれることがある。その最たるものが「五月丙午」である。一体，鏡作りは，「黄白の術」とも呼ばれる呪術的な煉金術の一種であり，その工人は方術・道術を能くする方士の系統に属し，鏡の使用目的は姿見のほかに子孫繁昌・出世栄達・不老長寿などの世俗的な利益を得るための道具なのである。これを支えたのは，暦術・数術・陰陽説・五行説・識緯説などの神秘的な思想である。したがって，作鏡の紀年銘にもこうした神秘的な観念または信仰に基づく修飾が加えられ，実際の暦日を偽わることも，またありうべきことではあった。だから，同様の理由によって，作鏡の月日を「七月七日」「三月三日」とする例も注目され，「正月丁亥」が問題とされるのである。

5 記された紀年銘がそのままでは信用しがたいもの（2）

さて，正しく釈された紀年銘の年月日およびその干支が，実際の暦日と食い違うものの中には，製作者を取り巻く政治的な環境が関係しているのではないかと疑われるものがある。その一つは，次の対置式神獣鏡銘である。

③黄初四年五月壬午朔十四日乙未，会稽師鮑作
　明鏡，行レ之大吉，宜二貴人王囷□一，服
　者也□□今造□□□　　（口絵3）

鏡銘の「黄初」は魏の年号であるが，その4年の5月は，朔が戊子であって銘のような壬午ではないし，14日も辛丑であって乙未ではない。黄初

4年は呉の黄武2年に当り，その5月の朔は，魏と同じで，この場合も干支があわない。ところが，黄初4年を翌5年すなわち黄武3年として呉の暦をみると，5月の朔は壬午で，14日は乙未となり，鏡銘と一致する。鋳鏡の師鮑氏は，鏡銘に呉の「会稽」の人とされている。

また，浙江省紹興出土という対置式神獣鏡の銘「延康元年二月辛丑朔十二日壬子」も似た性格をもっている。後漢の建安25年3月朔日，延康と改元されたが，同年10月28日，魏が黄初と建元している。したがって延康元年2月というのは存在しないし，たとえ，これを建安25年2月と読みかえても，その朔は丁未であって銘の辛丑ではない。12日も壬子ではない。ところが，翌年の黄初2年とすると，2月の朔が辛丑，12日が壬子なので鏡銘と一致する。この鏡も，出土地の伝承と鏡式から，呉地の製作とみてよかろう。

2面の鏡の紀年銘の特殊性とその原因が製作地に関係があろうと，すでに指摘されている[5]。付言すれば，後漢末～三国の政治的・軍事的な抗争の最中で，製作地である呉の揚子江下流域において，いずれの正朔を奉ずるか，その正確な暦日を知りうるか，この二つの問題に対する鋳鏡師の具体的な解答が2鏡の紀年銘ではなかろうか。

6 歴史的な字句・名辞による編年的な研究

鏡銘による編年的な研究は，紀年銘に基づく以外に，時期の限定される特殊の字句・名辞によっても可能である。この手法の着想もやはり古く，19世紀初の馮雲鵬『金索』は，1面の流雲文縁方格規矩四神鏡について「又，大泉五十の銭文あれば此れ西漢末の鏡なり」と断じている。この銭貨の行用が新の王莽1代に限られるからであろう。この手法の本格的な応用も，富岡謙蔵氏にはじまり，その成果は，漢鏡の編年観の基本的な枠組として現在なお生きている[6]。次の鏡銘のように，(1)「王氏」と「新家」の語のあるもの，(2)「新興辟雍建明堂」などの句が，『漢書』王莽伝元始4年条に「是歳，莽奏丁起二明堂辟雍霊台一，為学者一築廿舎万区上」とある王莽の政策に合致するもの，(3)多くの鏡の場合「漢有二善銅一出二丹陽一」とある「漢」を「新」に改めたもの，以上3種の方格規矩鏡およびこれに類する鏡を，王莽の新代の製作とし，「王莽鏡」と呼ばれた。

④王氏作レ竟四夷服，多賀二新家一〔人〕民息，

胡虜殄滅天下復(服)，風雨時節五穀孰(熟)，長保二親_子孫力，官位尊顕蒙二禄食_，伝二告後世_楽母(極)亟，大利兮。

⑤新興辟雍_建二明堂_，然于挙レ土列二侯王_，将軍令尹民所レ行，諸生万舎在二北方_，楽未レ央。

⑥新有善銅_出二丹陽_，和以二銀錫(旁)_清且明，左龍右虎掌二四彭_，朱爵玄武順二陰陽_。

また，次の三角縁神獣鏡の製作年代を三国の魏代に求められた。

⑦新作明竟(鏡)_，幽二律三剛_，銅出二徐州_，師出二洛陽_，彫文刻鏤，皆作二文章_，配二徳君子_，清而且明，左龍右虎，転レ世有レ名(伝)，師子辟邪(獅)，集二会〔是中_〕，并王父王母游戯，聞□□□，宜二子孫_。

その理由は，銘の「徐州」が両漢代は彭城国，魏・西晋には徐州，その後変遷して劉宋の永初3年（422）に徐州彭城郡にもどること，「師」は晋の祖司馬師の諱（いみな）で，晋朝成立（265）後は用いられなかったこと，「洛陽」は前漢以来「雒陽」と書かれたが，魏に至って「洛陽」と改められたことにある。

さらに，次の銘のある神獣車馬画像鏡（奈良県佐味田宝塚古墳出土）の製作を，三国以降とされた。

⑧尚方作レ竟佳且好(鏡)，明而二日月_世少レ有，刻二治今守(貪獣)_悉皆右(有)，長保二二親_宜二孫子_，富至二三公_利二古市(買)_，伝二告后世_楽無レ已(止)。

その理由は，銘中の「保」が，後漢の順帝の諱なので，その使用は崩（144）前か漢朝滅亡（220）後であること，画像石の年代・漢鏡一般の沿革からこの鏡を後漢の初めに遡らせないこと，銘の書体が魏の碑文などに似ることにある。

梅原末治氏は，この避諱の礼制を利用して次の銘をもつ細文地蟠螭文鏡（ばんちもん）の製作を，前漢の淮南王劉安の治政（前164〜122）に求められた[7]。

⑨脩相思，慎毋二相忘_常楽未レ央。

その理由を卑見で補っていえば，この鏡の出土地安徽省寿県は淮南国の都寿春で，同式鏡が「淮式鏡」「寿州鏡」の異称を付されるほどの大消費地（たぶん製作地）であった。劉安は王国内で父厲王の諱「長」を避けて「脩」を用いた。ただし劉安は，後に謀反が発覚して自殺し，王国も廃され

た。したがって，「脩」の使用期間は，その治政期間に限られる。

ついでにいうと，次の銘をもつ細文地蟠螭文鏡や細文地方格規矩蟠螭文鏡は，前漢の武帝の諱「徹」が用いられているので，その崩（前87）前に製作されたと考えられる。

⑩内請質以昭明兮(清)，光輝象二夫日月_，心忽揚而願レ忠兮，然雍塞而不レ徹。

ところで，時期の限定された字句・名辞から鏡の製作年代を導く方法は，当然のことながら，その字句が他の時期では用いられないことが前提となる。この前提が崩れるならば，この手法を直接的な形で用いることはできず，しいてその手法を用いる場合は慎重な配慮を要する。

例えば，細線式獣帯鏡の一種で，鈕座の周囲に半肉刻の竜虎を置く鏡には，銘に「新家」の語が見えるものがあるが，これが贋物でなければ，現在の鏡の編年観では，これを王莽の新代まで遡らせることはできない。富岡氏が王莽鏡の典型とされた鏡をはじめ，「亲有善同(銅)」銘の方格規矩四神鏡およびその変異形には，鏡背図文から後漢代に下るもののあることが，指摘されている[8]。

避諱の礼制にしても，この観念や拘束力が弱まったり，なくなると，諱が避けられずに用いられることにもなる。実際，次の銘のある鉄刀子[9]は，避諱の礼を破っている。

⑪光和七年，広漢工官□□□，服者尊，長保二子孫_，宜二侯王_，□宜□

この刀子の製作は，光和7年（184）であるが，銘中には144年に崩じた順帝の諱「保」が用いられてはならないはずなのに，それも政府の地方機関たる広漢郡の工官の作品に記されているのである。

註
1) 富岡謙蔵『古鏡の研究』1920
2) 『考古学雑誌』40—4，1955
3) 小林行雄『古鏡』1960
4) 西田守夫「神獣鏡の図像—白牙挙楽の銘文を中心として」ミュージアム，207，1968
5) 西田守夫「黄初四年半円方形帯神獣鏡と円光背のある三角縁神獣鏡—東京国立博物館所蔵の中国古鏡—」ミュージアム，189，1966
6) 註 1) に同じ
7) 梅原末治ほか『書道全集』2，1965
8) 白木原和美「楽浪出土鏡の新例と王莽鏡」朝鮮学報，57，1970
9) 劉志遠「成都天廻山崖墓清理記」考古学報，1958年第1期

墨 書 土 器

東洋大学教授
■ 玉 口 時 雄
（たまぐち・ときお）

墨書土器は出土遺跡・遺物の史的意義を語る文字資料で，その推移
を律令制機構の確立から崩壊過程の中で把える動きもでてきている

近年の大規模な開発行為にともなう発掘調査の増加は文字資料の一つである墨書土器の出土数を倍加させている。以下，年次的に研究動向を述べ，あわせて墨書文字の項目分類をおこないたい。

1 研究の動向

1970 年，大川清氏は墨書土器を「墨書きの土器という意味で，文字のみに限定せず，絵画も包含して総称する」と解され，墨書文字を，（1）所属（官衙・寺院，その他），（2）所有者，（3）使用目的，（4）落書，（5）梵字，（6）意味不明，の 6 項目に分類し，遺構は宮殿跡，官衙跡，寺院跡が第一で，周辺に官人が集住し，平安時代には集落内でも文字を理解・書写し得る人物＝識字者が居住し，集落からの墨書土器出土数の高さをあげており[1]，奈良時代後半から平安時代への文字の普及を集落跡出土の墨書土器の面から捉えようとしたことは注目される。

1971 年に，坂詰秀一氏は「墨書土器の出土は非常に特殊で，出土範囲は非常に限られ，竪穴より普遍的に出土することはない」とし，「出土遺構は国・郡衙跡，寺院跡や古道沿いの遺跡に多く，それ以外からはあまり出土を見ない」と，墨書土器の特殊性を述べている[2]が，近年では竪穴住居址出土例は増加している。

さらに 1973 年岡田正彦氏は，大川氏の説に対し「狭義に解する立場から文字・記号はともかく，絵画は画くという観念から"墨画土器"と称しておきたい」とし，墨書土器の年代を藤原宮跡出土墨書須恵器から 7 世紀後半以降で，長野県下の墨書土器は伴出遺物・製作技法から平安時代が大部分で，器種は土師器坏が多く，内黒土器の割合は高く，記銘箇所は体・底部の外面が多い。文字は漢字が 96％ をしめ，片仮名は少数で平仮名は皆無である。出土遺構は寺院関係や比較的古道沿いで，集落址が多く，特殊例として古墳・土壙出土も見られるが，それは文化的に高揚された施設ないしその周辺域で，墨書文字から遺跡の性格

も探究でき，また，集落址出土の墨書土器について支配関係による配布から非識字者への流布もあり得る。とくに同一文字が各住居址より出土の場合問題になるとされ，文字記銘所確認のため硯の伴出に注目されている。また，「10 軒以上の集落址からは少なくとも 1 点以上の墨書土器が出土しており，特殊な出土ではなく，比較的普遍的に集落址から出土するものではないか」と述べている[3]。

1974 年には 155 軒の奈良・平安時代の住居址が検出された千葉県八千代市村上遺跡の調査報告書が刊行された。同遺跡から「毛」「来」「山」などの同字を含む多数の墨書土器，鉈帯，石帯，硯，鉄製品が出土し，墨書土器研究にしばしば引用されている[4]。

さらに 1975 年，鈴木仲秋氏は，房総半島出土墨書土器を集成し，出土遺跡として，（1）官衙跡，（2）寺院跡，（3）集落址をあげ，集落址出土墨書土器の性格について，A．古来信仰（神），イ信仰対称を表わすもの，ロ祈願を表わすもの，B．今来信仰（仏教），ハ供献物を表わすもの，ニ使用を表わすもの，ホ祭祀日を表わすものに分類された。そして墨書土器は丹塗土器の伝統を受け継ぐ祭祀用土器で，その祭祀は戸主，巫女が後に仏教徒によって行なわれ，「大寺」「寺」などの墨書土器が官・氏寺跡出土でなく一般住居址からの出土は住居址内での信仰を示すもので，奈良県坂田尼寺ほか出土の「知識」のごとく帰依する寺に奉る什器ではないかとされ，そうした寺の祭祀の暦的意味を表わすものとして千葉県公津原遺跡出土の「中甲」をあげ，それは陰陽道にもとづくもので，「石井」「山井」は井戸神の原初形態を示すものとされている。また，出土位置について，住居址の壁隅，カマド周辺住居址内北東隅に瓦を 6 枚重ね，その上に「生上」の墨書土器が置かれていた。そしてこれらを屋内祭祀の場と考え，集落址出土墨書土器に信仰的意義を見出している[5]。

墨書文字から郡郷名を考証したものとして，同年柿沼幹夫氏は，埼玉県安行中学校出土の「足」

を武蔵国足立郡に比定され[6]，また千葉県山田水呑遺跡では「山邊」「山口館」の墨書文字が見られ，付近から山邊郡印が発見されたことから，上総国山邊郡山口郷に比定されている[7]。また，1959年に調査された東京都北区御殿前遺跡は「豊」「厨」の墨書文字出土から武蔵国豊島郡衙跡に推定され[8]，そのほか静岡県志太郡衙跡など数ヵ所でも郡郷銘墨書土器が発見されている。

墨書文字の書風について，山田水呑遺跡出土文字はいわゆる六朝時代の書風の流れを汲んでいると考えられ，栃木県ケカチ遺跡出土の「恵」は空海の『風信帳』に見られる「恵」と趣を同じくするもので，地方にあっても習書の手本の根底に王羲之風の強い影響が感じられるとされる[9]。1980年刊行の千葉県船橋市『本郷台』報文中で花島興一氏は「北魏用，隋用と思われる書風の異なる文字が使用されていることは房総地方への文字伝播の時期あるいは遅れを伺わせる」と述べられ，また，遺跡の北西約4.5kmに下総国分僧・尼寺が所在することから寺院との関係を考えられた。さらに墨書文字と仏典との関係を護国三経の一つである法華経文字と比較して墨書文字のすべてが法華経記載文字との合致を指摘されており[10]，書風や仏典との検討を通じての考察は墨書土器研究に新たな方向を示したものと思われる。同年玉口は前年に続いて集落址出土墨書土器研究の一環として転用硯をとりあげた[11]。

1981年に長谷川厚氏は墨書土器は汎日本的に分布し，かつ土器は年代的に細分し得ることをあげ，従来の研究が墨書文字の性格的研究によっていたことに疑問をもち，土器自体の年代的区分の重視を主張した。また，東国の墨書土器は8世紀中葉以降律令政治機構の確立にともない官人層を主要な担い手として古道沿いに分布し，9世紀以降は独自の展開を見せる。そのことは，私営田経営支配を主軸として土器生産を把握した在地の郡司・富豪層が独自に班田農民の再編成を実施してゆく過程に現われる現象としている[12]。氏の9世紀以降に見られる墨書土器の増量と展開を在地権力者による班田農民の独自的把握という史的現象のなかで把えようとしたことは見るべきものである。

1981年吉岡康暢氏は，北陸地方出土墨書土器を8世紀代（I・II期），9・10世紀代（III〜V期），11世紀代（VI期）に区分し，内容を11項目に分類した。また，土器の管理・所属による使用状況から，官衙跡をA宮都，B地方官衙によって土器の組成に若干の差異が認められ，Aを平城・長岡宮跡，Bを志太郡衙跡，御子ヶ谷遺跡などの郡衙・庄家・祭祀遺跡に分類し，集落址は，A施設名・官職名・人名を含む遺跡を「土豪村落型」とよび，山田水呑・村上両遺跡を，Bほとんど単字からなる「一般村落」としているが，郡領層より下位の村落首長を想定され，土器の組成だけでは区分し難く，Ba特定字句の占有率が高く，絶対数が多い長野県足場，本郷遺跡などを，Bb字句のばらつきが大きく，絶対数が比較的少ない千葉県有吉，石川県漆町遺跡などをあげている。集落内墨書土器終焉の時期は緑釉陶器が集落址にもたらされた10世紀代で，消滅が決定的になるのは11世紀代で，墨書土器の特徴は意味不明の漢字一字で，それは律令制法治秩序を支える文書主義と人民が求める現世利益的な俗言との接点から派生した8〜10世紀代固有の文化事象で，律令国家の改篇・解体の諸段階で画一的文書主義が後退し，代って広汎な地域住民の意志を直接伝達する手段としての仮名文字の普及を前提として漢字のもつ呪術性から解放されてゆく過程と相対的関係を有するように考えられる[13]と述べられている。1984年玉口は墨書土器と鉈帯・石帯・硯・鉄製品などとの共伴関係を土器の時期区分から分類を試みている[14]。

1985年宮瀧交二氏は，村上遺跡を村落形成と墨書土器から検討をおこなっている。すなわち，「出土墨書土器」は8世紀後半より出現し，意味不明の漢字が大部分で，それらは村落構成員が独自に理解するもので，文字を自分たちで自由に操っていた人々と村落の姿を想定できるが，9世紀後半にいたって様相は変化してくる。それは9世紀中葉の千葉県吉原三王遺跡出土の「香取郡大坏郷中臣人成女之替承」のごとく，複数文字を記した文書様墨書土器が含まれてくる。このような傾向は8世紀後半以来の村落における墨書土器の機能，または使用側に何らかの変質が生じたことを示すもので，墨書土器の用途が村落内で完結するものであれば，地名・人名・年号などは村落内では自明なもので，改めて記すことに疑義をもち，それらを記す背景に新たな村落外の対象を意識したことが想定される。9世紀後半の村上遺跡を例にとれば，台地の大規模村落経営に矛盾を生じ，やがて

墨書土器実測図（縮尺不同）（原図は各々の報告・論文による）

1〜14・21：奈良県平城宮跡, 15〜20・22：千葉県公津原遺跡, 23〜29：千葉県山田水呑遺跡, 30・31・33〜35・41：千葉県北海道遺跡, 36：福島県北原遺跡, 32・40：千葉県大崎台遺跡, 37：栃木県薬師寺南遺跡, 38・43：千葉県平賀遺跡, 39：富山県小杉流通業務団地内遺跡群, 42・45：神奈川県宮久保遺跡, 44：茨城県石神外宿Ａ遺跡

台地上を去り，周辺の谷戸水田の開発・再開発のため分散居住しはじめる時期で，このように墨書土器の様相の変化と村落の変質が同時期に認められることは決して偶然とは思われない，とし[15]，9世紀以降における墨書土器の量産と内容に変遷がうかがわれることは，長谷川　厚・吉岡康暢両氏が墨書土器の推移を律令政治機構の確立から崩壊過程のなかで把えようとしたことと意をおなじくするもので，墨書文字の内容・性格の解明に視点がおかれていた研究へ新しい課題を提示したものと思われる。

2　墨書土器の項目分類

おわりに，多数の墨書文字から内容に即して項目別に主なものを分類する。

記年銘　「天応元年」「和銅□□正月十三日」（奈良・平城宮跡）「承和五年二月十」（同・西隆寺跡）「貞観十七年十一月廿四日」（千葉・北海道）

官衙関係建物　「宮内省」「大炊寮」「主馬」「羹所」（平城宮跡）「厨」（西隆寺）「志太厨」「志太少領殿」（静岡・御子ヶ谷）「少毅殿」（同・城山）「博士館」（千葉・真間）「山口館」（同・山田水呑）「五十戸家」（平城宮跡）「上総家」（千葉・高田権現）「羽元家」（同・油作第二）「矢作家」（茨城・鹿の子C）「中央殿」（茨城・石井台）「門」（福島・関の森）「万呂所」（同・関和久）「城厨」（宮城・伊治城跡）「玉厨」（同・名生館跡）

官職関係を表わすもの　「大領」「志太少領」「主張（帳）」「中衛」（御子ヶ谷）「少目」（岡山・美作国府跡）「曹司」「舎人」「内舎人」「式部外曹司進」「少将」（平城宮跡）「佐」「山佐」（山田水呑）「郷長」「由」（茨城・大家新地）「介」（栃木・下野国府跡）「大舎人」（宮城・矢本横穴群）

人名関係　「村神郷丈部国依甘魚」（千葉・権現）「荒人」（同・下総国分寺跡）「大凡国足」「津守王」「秋麻呂」（平城宮跡）「品遅部宮麻呂」（新潟・木崎山）「竹田浄成女」「竹田知刀自女」「安万呂」（城山）「參長了」「川邊宗宜了子物」「海之屍子」「竹田廣足」「稲万呂」「龍麻呂」「廣島」（静岡・伊場）「秦」（宮城・新田前）「大伴」（同・御駒堂）「日置」（同・清水海蝕洞窟）「伴」（同・東館）

寺院・仏教関係を表わすもの　「尼寺」「法」（千葉・下総国分尼寺跡）「法花寺」「忍保寺」「仏勝」（同・上総国分尼寺跡）「僧房」（宮城・陸奥国分寺跡）「講院」（長野・信濃国分寺跡，同・内田）「佛」「寺塔」「偈」（千葉・萩ノ原）「知識」（奈良・坂田尼寺跡）「知識所」（福岡・上須川）「懺悔」（秋田・払田柵址）「小椅寺」（富山・小杉流通団地）「国分寺」（新潟・四日市）「小治田寺」（山田水呑）「沙僧」（平城宮跡）「南院」（茨城・茨城）「高大寺」（東京・城山）「僧」（宮城・台ノ山）

地名を表わすもの　「鹿郷長鹿成里□里」「子山□」（千葉・馬場）「山邊」「山邊人」（山田水呑）「竹田郷」「栗原」「栗原驛長」「驛長壱」（伊場）「寒川」「子井」（栃木・小松原）「塩屋」（同・下野国府跡）「柴原偕伎日」（新潟・栗原）「朝日」（千葉・村上）「新里」（鹿の子C）「大井」（東京・大井）「大住」（神奈川・大住）「信夫」（福島・古亀田）「常陸□」（宮城・伊治城跡）「石背」（同・上神田）

神社関係を表わすもの　「神」（茨城・鎬木）「神寺」（同・鹿島）「神宮」（同・竹来）「神山」（同・石神外宿A）「神田」（群馬・十三宝塚）「大神」（千葉・円妙寺）「土師神主」（茨城・下土師）

農耕・祭祀に関するもの　「畠神」（長野・滝井沢）「畠」（埼玉・宮前）「神奉」「田」（千葉・公津原）「田生」（三重・柚井）「田人」（栃木・向山）「大田」（同・ケカチ）「山田」（同・下野国府跡）「〆神」（伊場）「鎮」（宮城・多賀城跡）

所属・所有を意味するもの　「内裏盛所」「縫物所」「弁垸勿他人者」「弁垰勿他人取」「醴太郎／炊女取不得／若取者筶／五十」「此垸和家云々」（平城宮跡）

器物・用途名を表わしたもの　「坏」「洗垸」「高坏」「清坏」「甌」「研皿」「莫採鸚武鳥坏」「二辛口」「高佐良九／口佐良八／毛比冊／鋺形冊／口都支＝□／鏖都支十口／土高左良」（以上中段）「□□／佐良冊／毛比冊／片真利廿／鋺五柄」（以上下段）（内面）「天平十八年閏九月廿七日□□〇□」（外面）「鸚鵡鳥坏・鳥食入器二口」（平城宮跡）「油坏」（真間）「酒坏」（島根・出雲国府跡）「矢」（下総国分寺）

吉祥を意味するもの　「福」「豊」（神奈川・真土六の域）「富（冨）」（秋田・谷地）「福饒」（栃木・薬師寺南）「加福」「太富」（柚井）「平安」（平城宮）「寿」（茨城・茨木）「私得」「財備」（向津原）「利多」（村上）「文福」（茨城・永井）「福来」（福島・御山千軒）「財」（宮城・多賀城跡）「仁」（同・青木）

四季を表わすもの　「冬」（長野・平出）「春」（村上）

呪具・呪語の性格を有するもの　「丈部乙刀自女形代」（千葉・権現後）「印」「珍」「反」「咢」「林」

「向我念」（平城宮跡）

嗜好・食料品を意味するもの　「酒」「水」「汁清」「清菜」「塩殿」（平城宮跡）「塩」（福島・松ノ木）「米」（奈良・藤原宮跡）「麦」（大阪・船橋）「酒所」「厨酒」（秋田・秋田城）「粥」（下野国府跡）

方位を表わすもの　「東」（長野・天神南）「西」「囲」（陸奥国分寺）「南」（ケカチ）「北」（茨城・小野）

干支を表わすと思われるもの　「甲」「中甲」「辛甲」「申甲」「申」（公津原）「午」（神奈川・本郷）

十二支を表わすもの　「未」「戌」（山田水呑）

地形・地物を表わすもの　「山」「川」「谷」（山田水呑）「道」（藤原宮跡）「石」（岩手・金田城柵跡）

動・植物名を示すもの　「馬」（千葉・東金台）「馬雁」（山田水呑）「犬」「鳥」（平城宮跡）「牛」「羊」（公津原）「草」「桑」「菊」「楊」（平城宮跡）「柏」（熊本・上ノ山）「槇」（秋田城）「稲」（千葉・高田権現）「木」（埼玉・東光寺裏）「林・有」（同・前原）「榎」（下総国分尼寺跡）

数字を表わすもの　「一」（秋田・脇本）「二」（千葉・石神）「三」（新潟・下国府）「五」（脇本）「六」（高堂）「七」（長野・内田原）「八」（山形・手蔵田）「十」（十三宝塚）「百」「千」「万」（新潟・若宮）「九九」（山形・平田）「九」「仟」「卅」（公津原）「九十」「八千」（長野・明神前）「五万」（同・下国府）「十万」（秋田城）「十一」「万千」（千葉・大崎台）「十十」（長野・高出）「十二」（埼玉・相撲場）「八十」（茨城・国分寺跡）「式卅二」（平城宮跡）「七千」（茨城・茨木）「廿七／六十五」（藤原宮跡）「貳」（鹿の子）「得貳斗半浄誇稲五千」（千葉・永吉台）

大きさを表わすもの　「上」「中」（脇本）「上上」（山田水呑）「大一」（鳥取・伯耆国分尼寺跡）「四上」（薬師寺南）

平仮名・片仮名を表わすもの　「はせ」（茨城・永井）「き」「あ」「フ」「ロ」（本郷）

行事を表わすもの　「正月」「由加和銅□年正月十三日」「□宮内天長節□」（平城宮跡）「花會」（宮城・多賀城廃寺）

習書文字と思われるもの　「朝臣・官人・従五位上・宿待・男・麻呂・麻・再・研・皿・文選巻・論語」（平城宮跡）「文文文神道」（茨城・石岡）「信夫郡朝□□従五位万□□六□」（同・屋代A）「安□□／客人客人」（下野国府跡）「麻男麻／麻男男麻／麻呂」「者・可・他・為・吉・研・結・亭」「従五位上・宿待・近衛・官・大・貢・官人・上・訓」（平城宮跡）「前」「集」「乙」（埼玉・池守池上）

「恵」（志太）「仁」（群馬・熊野堂）「得」「元」「寧」「里」（出雲国府跡）「在」「景」「武」「行」「基」「忠」「界」（公津原）「徳」「日」「運」（薬師寺南）「本役三」（兵庫・但馬国分寺隣接）「高継長」（秋田城跡）

註
1) 大川　清「墨書土器」新版考古学講座，7，雄山閣，1970
2) 坂詰秀一編『シンポジウム　歴史時代の考古学』学生社，1971
3) 岡田正彦「墨書・刻書土器小考」信濃，52―4，1973
4) 千葉県都市公社『八千代市村上遺跡群』1975
5) 鈴木仲秋「房総における墨書土器の一考察」史館，5，1975
6) 柿沼幹夫「川口市立安行中学校校庭出土の土器」鳳翔，10，1975
7) 山田遺跡調査会『山田水呑遺跡』第1・2分冊，1977
8) 小林三郎ほか「御殿前遺跡」東京都遺跡調査・研究発表会IX発表要旨，1984
9) 本郷台遺跡調査団『本郷台』1979
10) 註9）に同じ
11) 玉口時雄「転用硯考」『古代探叢』所収，早稲田大学出版会，1980
12) 長谷川厚「古代における文字資料の一試論」史観，104，1981
13) 吉岡康暢「墨書土器」『東大寺領横江庄遺跡』所収，石川考古学研究会，1983
14) 玉口時雄「墨書土器小考(一)」東洋大学文学部紀要　史学科篇，38，1984
15) 宮瀧交二「古代村落と墨書土器―八千代市村上遺跡の検討―」史苑，44―2，1985

参考文献（抄）
玉口時雄「墨書土器」書の日本史，1―飛鳥・奈良時代，平凡社，1975
『文字は語る―墨書土器などから見た古代の房総―』千葉県房総風土記の丘，1977
『伊場遺跡遺物編2』伊場遺跡発掘調査報告書，4，浜松市教育委員会，1980
鈴木仲秋「墨書土器について」川村優編『論集　房総史研究』名著出版，1982
『平城宮出土墨書土器集成I』奈良国立文化財研究所，1983
佐藤　信「墨書土器についての試論」日本史研究，250，1983
『茨城県関係古代金石文資料集成―墨書・箆書―』茨城県立歴史館，1985
『よみがえる古代の文字―近畿出土の文字資料が語る都城・郡衙・寺院・集落―』向日市文化資料館，1986
吉沢幹夫「宮城県出土の墨書土器について」東北歴史資料館研究紀要，10，東北歴史資料館

箆書土器・刻印土器

茨城県立歴史館
■ 佐 藤 次 男
（さとう・つぎお）

箆書土器は墨書土器に先行し併行する重要な資料である。また
刻印土器によって生産と供給の関係も明らかにされてきている

1 箆書土器と刻印土器

箆書土器とは，箆状または釘状の用具で文字などが記された土器である。これを刻書土器と呼称している例もあるが，この稿では土器焼成後に釘状の用具で記したもののみを刻書土器として区別しておく。

また刻印土器とは，陽彫・陰彫の印体を用いて土器に施印したものである。

これらの資料は，中世以降にもあり，国外にも例がある。また，とくに箆書の種類には，文字のほか，絵画，文様や記号的なものもみられる。本稿では，文字を記した古代の資料を主な対象としておきたい。

ところで，墨書土器・箆書土器・刻書土器・刻印土器は，それぞれが成立するうえで次のような条件をもっている。

種 別	記入用具	記入時期および用途への意図決定
墨書土器	筆 墨	土器焼成後
箆書土器	箆・釘状の用具	土器焼成前
刻書土器	釘状の用具	土器焼成後
刻印土器	印 体	土器焼成前，印体の存在

以上は，この種資料を理解するために，まず踏まえておくべきことであろう。しかし，刻印土器を除き，その用途においてはかならずしも現実には即していない。たとえば，墨書土器と箆書・刻書土器は，後者に習書のごとき事例はみられないものの，器種，文字の種類，文字の位置，字数などで大きな相違はないし，同一遺跡で出土する場合もある。とくに千葉県村上遺跡では，同一文字が次のように記されている[1]。

毛　墨書，朱書，刻書
山　墨書，箆書，刻書
大　墨書，箆書，刻書
干　墨書，箆書

また，千葉県山口遺跡のように，墨書と刻書で「冊」があるし，「忠」の墨書のうえをなぞって刻書したものもある[2]。

したがって，とくに箆書・刻書土器については，出土資料では圧倒的に多い墨書土器とともに研究を進めるべきであろう。

2 箆書土器・刻印土器研究小史

清野謙次博士は，『日本考古学・人類学史』下巻[3]で考古資料における「文字様記号」にふれている。そのうち土器に関しては，大田南畝『一話一言』[4]巻39に載る肥前国唐津近傍出土の「祝部土器」をあげる。これは寛政年間（1789～1801）の出土，大田が文政元年（1818）に実見記録したものであるが，あくまで「文字様記号」であって文字ではない。ついで『人類学雑誌』創刊号から100号までを検し，土器の陰刻例もあげているが，やはり「文字様記号」にとどまる。むしろ松本庄三郎「丹後ニ於ケル横穴ノ発見」[5]に掲上された須恵器肩部の箆書？の方が気になるところである。

管見するところ，古い記録では常陸国土浦の学者色川三中（1801～1855）が「野中の清水」[6]七に記した刻書土器がある。嘉永年間（1848～1854）の記録で，

下総国猿島郡矢作村熱田社傍畑ヨリ天保九年戊戌春堀出トコロノ瓶九ツノ内一ツニ左ノ如キ識アリ畑ハ里正冨山三松ノ地ナリト云

と記し，図および拓影を掲げ，土器の文字「大化五子年二月十日」につき考証している（図1）。この土器は，清宮秀堅『下総旧事考』[7]巻十一にもあり，現在茨城県岩井市矢作の冨山昇家で保管する。土師器の甕形土器であるが，刻書についてはなお検討を要する[8]。

刻印土器については，1924年の林魁一「美濃と彫り付けたる祝部土器に付きて」と，1926年の同氏「美濃国と云ふ文字付き祝部質土器」が早い文献であろう[9]。この「美濃国」と刻印した土器は，1937年発行『天平地宝』にも3例が載っている。

1945年以前は，まだわずかな資料の発見が報ぜられたのみで研究の展開はみられない。

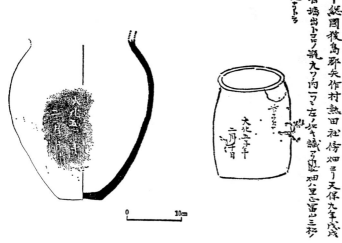

図 1 茨城県矢作出土刻書土器
(右:『野中の清水』より，左:実測図)

戦後のいちじるしい考古学の発展にともない，墨書土器が注目されるとともに箆書・刻印土器もようやく研究の対象にされるようになった。佐藤は，1949年3月に実施した茨城県東茨城郡大串殿山遺跡の発掘調査によって人面墨書土器の出土に接し，以後墨書・箆書・刻印土器の研究を進めた。大場磐雄博士のご教導をはじめとして，全国各地の諸先学のご教示により，未熟な発表を行なった箆書・刻印土器に関する文献は次のごとくである。

「墨書土器と箆書土器と刻印土器」考古学, 1—1, 1952
「箆書・刻印土器用途考」考古学, 1—2, 1952
「墨書・箆書・刻印土器出土地名表」考古学, 1952
「墨書・箆書・刻印土器出土地名表(2)」考古学, 1956
「美濃壺のこと」常総古代文化, 15, 1956
『墨書・箆書・刻印土器出土地名表』1957
「墨書・箆書・刻印土器の史料的価値について」ひたちじ, 3, 1965

1960年頃から，日本経済の急激な高度成長とともに，発掘件数も急増，資料もまた倍増を重ね，情報収集能力に欠ける佐藤の研究は逼塞した。しかし反面，全国各地での研究は着実に進捗しつつあった。わけても平城宮跡の木簡出土とその研究にはじまり，漆紙文書や埼玉県稲荷山古墳出土鉄剣銘の検出などが古代文字資料としての関心を昂めた。とくに1975年以降は，墨書土器とあわせて，あるいは古代文字資料とともに研究する趨勢となった。それは，1個の土器に記されたわずかな文字であっても個別的総合的な検討の中で，古代の政治, 経済, 社会, 文化などを明らかにし得る重要な資史料として認識されるようになったからにほかならない。

個々のすぐれた諸研究は，ここでは省略するとして，府県単位では，島根，大阪，石川，静岡，神奈川，長野，千葉，茨城，福島などで資料が集大成されている[10]。

3 研究の現状

とくに，箆書土器と刻印土器のみの研究上，特筆すべきことを二つほどあげておきたい。

まず第一に，従来箆書土器は墨書土器とともに，主として奈良・平安時代に普遍的な遺物として認識されてきた。たとえば，墨書土器でも明確な古墳出土資料はとぼしく，その点では地方でも千葉県成田市瓢塚27号墳出土の須恵器長頸瓶が8世紀初頭で，古い方と考えられている[11]。

ところが，1978年頃から5世紀末〜7世紀初頭と考えられる須恵器の箆書土器が相次いで発見された。種々の情報によって衆知と思われるが列挙すると，

毛毛　福岡県宇美町　観音浦古墳群
　　　須恵器　坏と蓋　　6世紀後半
取　　岡山県勝田郡奈義町　広岡古墳
　　　須恵器　坏　　6世紀末〜7世紀前半
弥莠　鳥取県米子市陰田町　陰田遺跡(横穴)
　　　須恵器　壺　　7世紀初頭
門出　杉林方　大阪府堺市　野々井遺跡
　　　須恵器　壺破片　　5世紀末
大　　奈良県明日香村　坂田寺
　　　須恵器　　　　7世紀前半

などである[12]。

すなわち，文字に限定する限り，箆書土器は墨書土器より先行することが明らかになりつつある。これらの資料はさらに吟味されねばなるまいが，静岡県伊豆長岡町北江間横穴群からは石櫃に「若舎人」の文字が，また愛知県春日井市勝川遺跡出土の埴輪片には「□日」の箆書文字が認められている。あわせて新たに考えるべき幾多の問題が提起されたことになろう。

第二は刻印土器，とくに「美濃」・「美濃国」の文字を有する土器である(図2)。1945年以前にはわずかの資料にすぎなかったが，その後徐々に

65

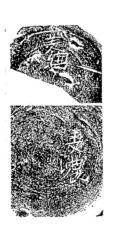

図2　岐阜県老洞古窯跡出土篦書・刻印土器拓影
（『老洞古窯跡群発掘調査報告書』より）

増加し，1967年には10遺跡12点の資料をもとに，岩野見司氏の「『美濃国』施印須恵器について」というすぐれた考察が発表され，施印の種類，器形，施印箇所，編年的位置づけ，生産と供給などの諸問題が追求された[13]。

ところがその翌1968年には，この種土器を生産した岐阜県岐阜市朝倉古窯跡群が発見され，さらに1978年には同市老洞古窯跡群が発掘調査されて，さらに飛躍的な研究の進展をみた。その結果によれば老洞古窯跡群の「美濃」・「美濃国」施印の須恵器は，第1号窯のみの焼成品で，あらゆる器種にわたって総数1,290点，印種28，篦書36点，さらに印体も出土している。刻印土器の製作年代は8世紀の第1四半期，窯跡は官営工房的性格を有し，国司笠朝臣竹麻呂との関連も追求された。また，岐阜，愛知，三重，奈良県におよぶ27遺跡37例の老洞窯跡以外の他地域出土例も追加され，生産と供給関係もかなり明瞭にされるなど[14]，永い間この種土器に関心をもってきた者からみると，すばらしい研究の現状といえよう。

4　問題点と課題

最後に，篦書・刻印土器研究の問題点と今後への課題であるが，二，三の気づいた点を記しておきたい。

すでに述べたとおり[15]，まず墨書土器とともに道都県ごとに資料を集成し，さらに全国的に集大成を図る必要があろう。具体的な作業としては，資料の観察と報告書などにもとづく，Ⅰ地名表の作成である。この地名表には，1出土地名，2遺跡名，3土器種類（土師器，須恵器など），4器形，5文字などの位置，9文字，7篦書・刻書の別，8遺跡，9文献，10備考（その他）の記入が条件となる。次にⅡ集成図は，土器実測図，文字の実測図，写真，とくに篦書・刻印土器は拓影が有効である。Ⅰ，Ⅱをもとに報告書とあわせて，これまでにも試みられた分類の再編成，文字の解釈，用途の考察などは，いっそうの進展を生むと思われる。一例をあげれば，茨城県岩瀬町堀ノ内窯跡から出土した「新大領」，「新厨」の篦書土器は静岡県藤枝市御子ヶ谷遺跡出土の墨書土器，「志太」，「大領」，「志太領」，「少領」，「志太少領」，「志太厨」，「志厨」などの発見によって，「新」の意味は「新治」（郡）であることが明瞭となった。また，茨城県鹿島町神野向遺跡出土「鹿厨」，「鹿嶋郡厨」墨書土器の検出は，この遺跡が，『常陸国風土記』にも載る鹿島郡衙の遺構であることを決定させた。つまりこの種文字の墨書土器，篦書土器は，その出土遺跡が郡衙跡やこれに関連する遺跡であることを明らかにするとともに，郡衙機構，郡衙の調度，用器の生産と供給等々に迫ることを可能にする重要性をもつ。その他の文字も集成，集大成の中から理解されるものが続出すると思う。

刻印土器は，「美濃」，「美濃国」施印須恵器を除いてはほとんど知られていない。ほかには和歌山県田辺市下三栖寺山廃寺跡から採集された土師質の燈明皿底に「下久」の陽刻印がある[16]。今後は，刻印土器についても注意すべきであろう。

蛇足として，用語についてひとことふれたい。

1955年頃までは，確かな篦書土器は焼成前の資料がほとんどすべてであった。その後焼成後に刻書された資料が知られるにつれ，あるいは，線刻状の文字の存在も考慮されたかは不明だが，篦書土器の呼称に対して刻書土器という呼称も使われている。焼成前と焼成後という点では基本的な相違があるはずであるから，報告書や資料の集成，さらに研究上においては，まずこの点の注意と記述が望まれる。

註

1) 日本住宅公団東京支社・財団法人千葉県都市公社『八千代市村上遺跡群』1975

2) 千葉県企業庁『公津原』1975
　　1，2ともに，千葉県立房総風土記の丘『企画展　文字は語る―墨書土器などから見た古代の房総―』1977 が参考になる。
3) 清野謙次『日本考古学・人類学史』下巻，1955
4) 大田南畝『一話一言』巻39は，『日本随筆大成　別巻　一話一言5』吉川弘文館，1978に収録
5) 松本庄三郎「丹後ニ於ケル横穴ノ発見」東京人類学会雑誌，159，1899
6) 茨城県土浦市立図書館蔵
7) 『下総旧事考』は，弘化2年（1845）の自序があり，刊行は1905年。刻書に注目したのは，色川三中より若干早いかも知れない。
8) 佐藤次男「猿島郡岩井町矢作の土師器」茨城県の土師器集成，2，1965
9) 林　魁一「美濃と彫り付けたる祝部土器に付きて」考古学雑誌，14―6，1924，「美濃国と云ふ文字付き祝部質土器」考古学雑誌，16―7，1926

10) 研究者および文献は，紙数の関係で省略。
11) 成田ニュータウン内遺跡群　H27号墳（横穴式石室）出土。千葉県企業庁『公津原』1975
12) 『朝日新聞』，『考古学ジャーナル』，『アサヒグラフ』1985．12．27，大阪府立泉北考古資料館『図録　記された世界―大阪府下出土の墨書土器・文字瓦と木簡展』1984，島根県立八雲立つ風土記の丘『八雲立つ風土記の丘』No.61・62の「文字のかたる世界」特集号，1983，などによる。
13) 岩野見司「『美濃国』施印須恵器について」考古学雑誌，52―3，1967
14) 岐阜市教育委員会『老洞古窯跡群発掘調査報告書』1981
15) 佐藤次男「墨書土器の集大成」考古学ジャーナル，241，1985
16) 1956年和歌山県巽三郎氏のご教示による。この土器は，細尾栄一「寺山廃寺出土の銘を有する土器」紀伊考古学，3―1，1940に載る。

墓　誌
■ 前園実知雄
（まえぞの・みちお）
橿原考古学研究所

日本に現存する墓誌は飛鳥・奈良時代に16例が知られているが，形状・材質には中国の墓誌と比べ大きな相違が認められる

1　墓誌とは

　飛鳥・奈良時代の墳墓をきわめて特徴づける遺物に墓誌がある。被葬者の名，経歴，卒去年月日などを刻した墓誌の出土は，考古学からの墳墓研究にはもちろんのこと，限られた文献にたよる状態にある古代史研究に寄与するところが大きい。

　中国にその源流をたどることのできるこの墓誌の初源は，古くは後漢時代の墓記，封記などの石造のものや，葬塼とよばれる煉瓦を用いたものに被葬者の姓名や行歴を刻したものに求めることができる。しかし，方形の板石に誌銘を刻み，篆蓋をし，墓室の入口に納めるという形をとる墓誌のあらわれるのは南北朝時代からで，とくに薄葬の機運の強くなった北魏中頃から多くなる。被葬者の姓名，出身地，行績，葬事を記し，その後に死を悼む銘を加えた形が基本的なもので，隋・唐時代にはさらに流行し，四神や唐草文などの装飾も周囲には施されるようになり，墓室内の構造や副葬品とともに華麗なものとなった。

2　わが国出土の墓誌

　わが国ではじめて墓誌があらわれるのは飛鳥時代後半の天智7（668）年の紀年のある船首王後のものが最初である（墓誌が後に追葬された可能性もある）。それから延暦3（784）年の紀朝臣吉継までの約120年間に，古代の墓誌はすべて納まる。現存するのが16例，銘文は記録されているものの現物が残っていないのが2例，その他鉄釘状で文字の有無が判別できないものなどを含めても20余例が知られているにすぎない。ここでは現存する16例を中心に日本の墓誌の形状および内容について考えてみる。

　まず中国の墓誌はそのほとんどが石製で，蓋と身からなり規模も大きいのに対して，日本の墓誌は青銅製の短冊形が最も多く，当然規模も小さい。またインドの舎利容器の影響を受けたとみられる銅製の骨蔵器に銘文が刻まれた例もある。詳しくは一覧表に記しておくが，簡単にまとめておくと銅製（鍍金を含む）の短冊形板が7例，銀製の短冊形板が1例，銅製（鍍金を含む）の縦矩形板が

67

3例，石製，塼製の縦矩形板がそれぞれ1例ずつ。銅製（鍍金を含む）の鋺蓋が3例，鍍金銅製の瓶が1例となる。短冊形，縦矩形の12例のなかで小野毛人，道薬の2例を除くすべてが細かい差はあるが，ほぼ1尺の長さを基準として作られたことがわかる。幅については一定していないが，短冊形は2寸前後とみられるのが多い。なお小野毛人墓誌は2尺，道薬墓誌は5寸を長さの単位としていたようである。骨蔵器については威奈大村と下道圀勝・圀依母夫人の2例がほぼ同規模なのに対して，伊福部徳足比売の器高がやや低い。しかし蓋径は3例とも近い値になっている。

　以上のことからみても，形状，規模，素材の点で中国の墓誌とは全くといってよいほど相違している。わずかに新しい時期の2例，高屋枚人と紀吉継墓誌が蓋を持っている点に共通性がみられるくらいである。材質は銅製（鍍金を含む）が13例と圧倒的に多く，銀製，石製，塼製がそれぞれ1例ずつとなっている。形状については時期の差でいくらか傾向が認められる。すなわち初期に短冊形板，骨蔵器が多く，新しくなると縦矩形板へと変化してゆく。

　形状，材質に中国の墓誌と大きな相違点が認められたと同様，当然のことながら内容についても異なる点が多い。すなわち日本の墓誌は姓名，行績，卒年月日などの誌だけのものが多く，死を惜む銘を兼ね備えたのは威奈大村，美努岡萬，石川年足の3例に限られる。なかでも威奈大村骨蔵器には序も刻まれており，わが国出土の中で唯一の完成された墓誌銘とよばれるものである。以下銘文をすべてあげておく。

(1) 船王後墓誌
（表）惟船氏故　王後首者是船氏中祖　王智仁首児那沛故首之子也生於乎娑陁宮治天下　天皇之世奉仕於等由羅宮　治天下　天皇之朝至於阿須迦宮治天下　天皇之朝　天皇照見知其才異仕有功勲　勅賜官位大仁品為第

（裏）三殞亡於阿須迦　天皇之末歳次辛丑十二月三日庚寅故戊辰年十二月殯葬於松岳山上共婦安理故能刀自同墓其大兄刀羅古首之墓並作墓也即為安保万代之霊基牢固永劫之寶地也

(2) 小野毛人墓誌
（表）飛鳥浄御原宮治天下天皇　御朝任太政官兼刑部大卿位大錦上

（裏）小野毛人朝臣之墓　営造歳次丁丑年十二月上旬即葬

(3) 文祢麻呂墓誌
壬申年将軍左衛士府督正四位上文祢麻呂忌寸慶雲四年歳次丁未九月廿一日卒

(4) 威奈大村骨蔵器
小納言正五位下威奈卿墓誌銘并序
卿諱大村檜前五百野宮
御宇　天皇之四世後岡
本聖朝紫冠威奈鏡公之
第三子也卿温良在性恭
儉為懐簡而廉隅柔而成
立後清原聖朝初授務廣
肆藤原聖朝小納言闕於
是高門貴胄各望備員
天皇特擢卿除小納言授
勤廣肆居無幾進位直廣
肆以太寶元年律令初定
更授従五位下仍兼侍従
卿對揚宸辰参賛絲綸之
密朝夕帷幄深陳献替之
規四年正月進爵従五位
上慶雲二年命兼太政官
左小辨越後北彊衝接蝦
虜柔懐鎮撫允属其人同
歳十一月十六日命卿除
越後城司四年二月進爵
正五位下卿臨之以徳澤
扇之以仁風化洽刑清令
行禁止所冀享茲景祜錫
以長齢豈謂一朝遽成千
古以慶雲四年歳在丁未
四月廿四日寝疾終於越
城時年卅六粤以其年冬
十一月乙未朔廿一日乙
卯帰葬於大倭國葛木下
郡山君里狛井山崗天潢
疏派若木分枝標英啓哲
載徳形儀惟卿降誕餘慶
在斯吐納参賛啓沃陳規
位由道進榮以礼随製錦
蕃維令望攸属鳴絃露冕
安民静俗憬服来蘇遙荒
仚足輔仁無験連城析玉

空對泉門長悲風燭

(5) 下 道 圀勝圀依母夫人骨蔵器 <ruby>下道<rt>しもつみちのくに</rt></ruby><ruby>圀<rt>かつくにより</rt></ruby>

(中圏)銘　下道圀勝弟圀依朝臣右二人母夫人之骨蔵

器故知後人明不可移破

(外圏)以和銅元年歳次戊申十一月廿七日己酉成

(6) 伊福吉部徳足比売骨蔵器 <ruby>い ほ き べ の と こ た り ひ め<rt></rt></ruby>

因幡國法美郡

伊福吉部徳足

比賣臣

藤原大宮御宇大行

天皇御世慶雲四年

歳次丁未春二月二

十五日從七位下被賜

仕奉矣

和銅元年歳次戊申

秋七月一日卒之

三年康戌冬十月

火葬即礦此處故

末代君筆不應崩

壞

上件如前故謹録鉾

和銅三年十一月十三日己未

(7) 僧道薬墓誌 <ruby>どうやく<rt></rt></ruby>

(表)佐井寺僧道薬師 族姓大楢君 <ruby>おおなら<rt></rt></ruby>　素止奈之孫 <ruby>そとな<rt></rt></ruby>

(裏)和銅七年歳次甲寅二月廿六日命過

(8) 太 安 萬侶墓誌 <ruby>おおのやす ま ろ<rt></rt></ruby>

左京四條四坊從四位下勲五等太朝臣安萬侶以

癸亥年七月六日卒之　養老七年十二月十五日

乙巳

(9) 山代真作墓誌 <ruby>やましろのまさか<rt></rt></ruby>

所知天下自輕天皇御世以来至于四継仕奉之人

河内國石川郡山代郷從六位山代忌寸真作　戊

辰十一月廿五日□□□□又妻京人同國郡郷移

蚊屋忌寸秋庭 <ruby>か や<rt></rt></ruby>　壬戌六月十四日□□□

(10) 小治田安萬侶墓誌 <ruby>お はりだのやす ま ろ<rt></rt></ruby>

(主板)右京三條二坊從四位下小治田朝臣安

萬侶大倭國山邊郡都家郷郡里崗安墓

　　　　神龜六年歳次己巳二月九日

副板(左琴)左琴神龜六年二月九日

(右書)右書神龜六年二月九日

(11) 美努岡萬墓誌 <ruby>み ののおかまろ<rt></rt></ruby>

我祖美努岡萬連飛鳥浄御原　天皇御世

甲申年正月十六日勅賜連姓藤原宮御宇

大行　天皇御世大寶元年歳次辛丑五月

使乎唐國平城宮治天下大行　天皇御世

霊龜二年歳次丙辰正月五日授從五位下

任主殿寮頭神龜五年歳次戊辰十月廿日

卒春秋六十有七其為人小心事帝移孝為

忠忠簡帝心能秀臣下成功廣業照一代之

高榮揚名顯親遺千歳之長跡令聞難盡餘

慶無窮仍作斯文納置中墓

　　　　天平二年歳次庚午十月□日

(12) 行基骨蔵器断片

年別□

備特居其上雖□ (然)

一年二月二日□ (丁)

(13) 石川年足墓誌

武内宿祢命子宗我石川宿祢命十世孫從三位行

左大辨石川石足朝臣長子御史大夫正三位兼行

神祇伯年足朝臣當平成宮御宇天皇之世天平寶

字六年歳次壬寅九月丙子朔乙巳春秋七十有五

薨于京宅以十二月乙巳朔壬申葬于攝津國嶋上

郡白髮郷酒垂山墓礼也儀形百代冠盖千年夜臺

荒寂松柏含煙鳴呼哀哉

(14) 宇治宿祢墓誌

□前誓願物部神

八継孫宇治宿祢

大平子孫安坐□

雲二年十二月□

(15) 高屋枚人墓誌 <ruby>たかやのひらひと<rt></rt></ruby>

故正六位上常陸国

大目高屋連枚人之

墓寶龜七年歳次丙

辰十一月乙卯朔廿

八日壬午葬

(16) 紀吉継墓誌 <ruby>きのよししつぐ<rt></rt></ruby>

維延暦三年歳次甲子朔癸酉丁

69

```
酉参議従四位下陸奥国按察使
兼守鎮守副将軍勲四等紀氏
諱廣純之女吉継墓志
```

3 墳墓研究に果たす墓誌の役割

　以上列記した墓誌の銘文のなかには，威奈大村，文祢麻呂，太安萬侶，美努岡萬，行基，石川年足などのように，すでに文献によって知られており，それをさらに補足する役割をもつものと，この墓誌によってはじめてその存在が知られたものとがある。個々の銘文の詳しい検討は紙数の都合上行なうことができないので，ここでは被葬者と年代，官位，出土地などについて検討しておきたい。

　まず被葬者については，船王後，文祢麻呂，山代真作，行基などが渡来系氏族に出自が求められること，古事記撰者の太安萬侶，格式を作った石川年足に代表されるように，他の多くの人々も当時の新しい文化を積極的にとり入れた人々であったことは想像にかたくない。下道圀勝・圀依の「圀」は当時唐で新しく作られた則天文字であり，遣唐使として活躍した美努岡萬も三野岡麻呂を唐風に改めている点などにもその一端がうかがえよう。

　次に官位をみると，僧である道薬と行基，無位の下道圀勝・圀依母夫人，不明の宇治宿祢を除く大部分が四位以下の人物である。船王後，小野毛人は律令制定前の官位だが，対応する位置にある。唯一の例外が石川年足の正三位である。喪葬令の規定によると三位以上と四位以下では墳墓についても，また喪葬に関しても大きな格差が認められるが，とくに注意すべき点は「三位以上及び氏宗の祖」は墓碑を建てよという条項で，このことは四位以下は墓碑を造ってはいけないということにも通じる。日本の墓誌に短冊形で小さく，姓名，行績，卒年月日を簡単に記したものが多いのは，墓誌を墓碑にかわるものとして地下に埋納したとも考えられよう。もちろん威奈大村骨蔵器や美努岡萬，石川年足墓誌など，中国の墓誌銘に近い内容のものもあり一概にはいえないが，全体的にこういった意志が強く働いていたであろうことは考えられる。

　出土地と紀年については考えるべき点が多い。まず出土地を地域別にみると，大和8例，河内・摂津4例，山城2例，吉備1例，因幡1例と圧倒的に畿内，なかでも大和が多くを占め，墓誌埋納の風習が当時の先進地域およびその影響を受け易い地域に集中していることが知られる。飛鳥時代

表1　日本古代の墓誌（現存するもの）

	名　称	出　土　地	紀　年	官　位	形　状	材　質	寸法（cm）	出　土　時
1	船首王後	大阪府松原市国分町	天智7年（668）	大仁品	短冊形板	青　銅	縦29.7×横6.8	寛政6年（1794）以前
2	小野朝臣毛人	京都市左京区修学院町	天武6年（677）	大錦上	〃	銅（鍍金）	58.9×5.9	慶長18年（1613）（大正2年再発掘）
3	文忌寸祢麻呂	奈良県宇陀郡榛原町	慶雲4年（707）	正四位上	〃	青　銅	26.2×4.3	天保2年（1831）（昭和57年再発掘）
4	威奈真人大村	奈良県北葛城郡香芝町	慶雲4年（707）	正五位下	鈍　蓋	銅（鍍金）	全高24.2，蓋径24.6	明和7年（1770）以前
5	下道朝臣圀勝・圀依母夫人	岡山県小田郡矢掛町	和銅元年（708）		〃	青　銅	全高23.1，蓋径23.7	元禄12年（1699）
6	伊福部徳足比売	鳥取県岩美郡国府町	和銅3年（710）	従七位下	〃	〃	全高17.1，蓋径24.1	安永3年（1774）（明治年間再発掘）
7	僧　道薬	奈良県天理市岩屋町	和銅7年（714）		短冊形板	銀	縦13.7×横2.2	昭和33年（1958）
8	太朝臣安萬侶	奈良県五条市東阿田	養老7年（723）	従四位下	〃	青　銅	29.1×6.1	昭和54年（1979）
9	山代忌寸真作	奈良県奈良市此瀬町	神亀5年（728）	従六位上	〃	銅（鍍金）	27.9×5.7	昭和27年（1952）
10	小治田朝臣安萬侶	奈良県山辺郡都祁村	神亀6年（729）	従四位下	〃	銅（鍍金）	29.7×6.25	明治44年（1911）（昭和26年再発掘）
11	美努連岡萬	奈良県生駒市萩原	天平2年（730）	従五位下	縦矩形板	青　銅	29.7×20.7	明治5年（1872）（昭和59年再発掘）
12	僧　行基	奈良県生駒市有里	天平21年（749）		瓶	銅（鍍金）	10.6×6.8（断片）	文暦2年（1235）
13	石川朝臣年足	大阪府高槻市真上	天平宝字6年（762）	正　三　位	縦矩形板	〃	29.6×10.4	文政3年（1820）
14	宇治宿祢某	京都市右京区大枝	神護景雲2年（768）慶雲2年（705）		〃	銅	9.3×5.6（断片）	大正6年（1917）
15	高屋連枚人	大阪府南河内郡太子町	宝亀7年（776）	正六位上	〃	石	26.2×18.6	延享元年（1744）
16	紀朝臣吉継	大阪府南河内郡太子町	延暦3年（784）	従四位下	〃	塼	25.3×14.9	江戸時代

＊4・5・6は蓋に銘文，10は銅製の2枚の副板あり，15・16は蓋をもつ

以降の大規模な墳墓群の分布は京と密接な関係にあるという立場から，平城遷都以前を前期，以降を後期に分けて考えると，この墓誌出土地にもある傾向が見い出される。表1の6までが前期，7以降が後期となるが，まず前期に属す船王後以下伊福部徳足比売にいたるまでの6人についてみよう。そのなかで文祢麻呂と威奈大村を除く4人はすべて大和以外に葬られ，その出土地からみてそれは本貫の地と考えてよかろう。

壬申の乱に功績のあった文祢麻呂と，北陸の任地から帰葬された威奈大村の墓が，およそ本貫の地とはみられない宇陀の山中と二上山麓に存在することは注意を要する。そして墓誌こそ出土していないものの，いずれの周囲にも同時期の墳墓が確認されていることは，この一帯が藤原京時代の葬地であったことを物語っている。この地域は藤原京の北を南北に限る横大路の東西延長線上に隣接するほぼ対称の位置にあたる。藤原京の西南部に京と同じ面積をもつ葬地が設定されていたことは，天武・持統陵，中尾山古墳，高松塚古墳，束明神古墳などの分布から指摘できるが，前者の地域にも公葬地が設定され，在地性の薄い，いいかえれば中央権力に近い官僚クラスが卒先して葬られたのであろう。

都が平城へ移り後期になると，葬地は新しく都の周囲に設定されるとともに，さらに多くの地域に設けられるようになった。これは土地の所有形態とも深くかかわっているとみられる。藤原京が西南部に葬地を置いたのに対し，平城京では北方の平城山を第一等の奥津城とし，聖武，元明，元正天皇などの陵を築いた。さらに東の大和高原，西の生駒山麓にも設け，太安萬侶，小治田安萬侶，行基，美努岡萬はこの葬地に公人として葬られた。このほか宇治宿祢某の墓誌出土地である京都市右京区大枝の丘陵上からは奈良時代の銅製水瓶を副葬した木棺墓が検出され，当時の墳墓地帯であったことが知られるし，河内の磯長谷は6世紀末以降の終末期古墳群地帯であり，高屋枚人，紀吉継の墓誌の出土は，8世紀後半においてもこの地が葬地としての機能をはたしていたことを物語っている。他の個々の墓誌出土地についても検討の材料はあるが，別の機会にゆずることとして最後にのべておきたいことは，墓誌すなわち文字資料の出土は，物言わぬ考古資料とは比較にならぬほど多くのことを物語ってくれるが，その言葉をさらに説得力のあるものにしてゆくためには，他の数多くの沈黙する墳墓出土資料と総合的にとらえてゆかなければならないということである。

主な参考文献

奈良国立文化財研究所飛鳥資料館編『日本古代の墓誌』1979

小島俊次「墓誌」新版考古学講座 7―有史文化（下），1970

藤沢一夫「墳墓と墓誌」日本考古学講座，6，1956

経筒銘 ■関 秀夫

東京国立博物館
（せき・ひでお）

経塚遺物には経塚の主体を成す経典類とこれを納める経容器や副納品があり，銘文のある遺物はおよそ900点近くが知られている

一口に経塚と言っても，一般にはかなり曖昧な理解をされており，必ずしも明確な概念を規定されているとは言えないものである。それは，「経塚」という用語そのものが，本来的に近世の一字一石経の経塚を意味するものであったにもかかわらず，明治以降の経塚研究において，主として平安時代を中心とする埋経の遺物と遺跡の研究に対して「経塚」の用語を用いてきたためである。しかしながら，この経塚という用語は，平安時代から鎌倉時代にかけて行なわれた埋経，鎌倉時代の後半に始まり室町時代の末期にかけて行なわれ，とりわけ16世紀に盛行した六十六部聖による奉納経塚，室町時代の後半から江戸時代にかけて広く庶民の間に行なわれた一字一石経の経塚，などの概念を包括するものとして理解することが可能であろう。

ところで，出土した遺物に文字を記すものを見ると，木簡，漆紙文書，墓誌などのように，記された文字そのものが資料の主体を成すものと，墨書土器や文字瓦などのような，どちらかといえ

ば，文字そのものよりも土器や瓦などの遺物の方に資料としての主体のあるものとの２通りの場合がある。ところが，経塚遺物の場合には，この両面をそなえたものが多い。例えば藤原道長の経筒にも見られるように，銘文が比較的長文であるものも含まれており，また，遺物自体が工芸的に価値の高いものも少なくないところから，これまで，経筒や和鏡などの遺物とともに，これらの器物に刻された銘文にも史料としての強い関心が寄せられてきた。そこで，ここでは，現在知られている銘文を記した経塚遺物の種類をはじめ，銘文の内容などを通して，記された銘文の特徴などを見ておくことにする。

1 銘文のある経塚遺物

　経塚から発見される遺物は，埋経の遺物，奉納経塚の遺物，一字一石経経塚の遺物など，経塚の築造年代によって，かなり内容の異なるものであり，時代が下がるにしたがって，精巧な技術により製作された経筒から小さな自然の小石をそのまま用いるような一字一石経へ，と遺物の質も低下する傾向を見せている。これまでの発見例を見ると，古代から近世までの各時代に共通する遺物としては，経塚の主体を成す経典類とこれの副納品とがあり，さらに中世後半から近世にかけては経塚の地上に供養の主旨などを記した石碑の造立も見られ，この中に銘文のある経塚遺物が，およそ900点近くも知られている。以下これらの銘文のある遺物の種類について略述しておくことにする。

　平安時代から鎌倉時代にかけての経塚から発見される経典類をみると，**紙本経**がもっとも多くみられるものの，発見時にはすでに腐蝕しており，経巻としての原形をとどめているものは少ないが，奥書の残る例も若干知られている。**瓦経**は方形の粘土板に，篦状の工具を用いて経文を刻し，これを焼成したものであり，愛知県渥美郡保美から西の地域において，平安時代の遺物が約30例ほど発見されており，この中には応徳3（1086）年から承安4（1174）年までの紀年銘文のある遺物も含まれている。**銅板経**は薄い銅板の表裏両面に経文を鏤刻したもので，発見例は少なく，康治元（1142）年（福岡県豊前市求菩提山）と保延7（1141）年（大分県豊後高田市長安寺）の銘文を有するものが遺存する。**一石経**は河原石や山石の小粒のものに，

墨や朱で経文を書写したもので，一般には一字一石経とも呼ばれており，鎌倉時代頃より始められたもののようであるが，室町時代の後半より徐徐に庶民の間に広まりはじめ，江戸時代には北海道から沖縄までの，ほぼ日本全域で盛んに行なわれ，室町時代末から江戸時代にかけての願文などを記す経石が発見されている。

　経典類を埋納する際には，紙本経の場合は経筒に，銅板経では銅製の箱に納めてから土中することが行なわれている。また，一石経の場合には木製の箱や陶製の甕などに納めてから埋納することもある。経筒には銅製，鉄製，陶製，石製，木製，竹製などのものが知られているが，器物に銘文を記すものは銅製，陶製，石製のものにみられる。まず**銅製経筒**には銅鋳製のものと銅板製のものとがあり，近畿地方，九州地方，東日本と，それぞれに特色のある遺物が発見されており，また，容器の大きさも時代の下がるものほど小型になる傾向を見せているが，経塚遺物の銘文の大半はこの種の経筒に記されたものである。**陶製経筒**には，経巻を納めるための容器として，特別に円筒形に製作されたものと，九州地方に見られるような中国製の陶製壺形容器や白磁の容器などを経容器として用いた例も見られるが，円筒形のものには銘文を記す例がある。**陶製外容器**としては，銅製経筒に合わせて特別に製作された円筒形の容器と，壺や甕のような日用の陶器類を銅製経筒の保護容器として用いたものとがある。壺や甕は全国的に広く銅製経筒の外容器として用いられているが，この種の容器には窯の印などを刻すものはあるが，銘文を記す例は，特製の容器にのみみられる。また，**石製の経筒**と**石製の外容器**に用いられる石材は地域によりまちまちであるが，主として西日本，それも良質の滑石を産する九州地方に銘文のある遺物が発見されており，そのほとんどが平安時代のものである。このほか，銅板経の保護容器である銅製経箱，紙本経に用いられた銅製経箱，一石経の石櫃，一石経の木製経箱などにも銘文を記す例がみられる。

　さらに，経塚に副納される銅鏡には和鏡と湖州鏡とがあるが，ごく稀には唐式鏡も含まれているが，遺物そのものに直接銘文を記す例は，さほど多くない。このほかにも金具，石製仏像，銅板，銅製厨子，陶製光背，経甕の石蓋，銅製擬宝珠，木製円盤，銅製納札などの経塚出土品にも銘文の

あるものが発見されている。

2 記銘の方法

塚経遺物に銘文を記す場合，遺物の材質や種類により多少異なる方法がとられている。銅製品では完成した製品に錐状の工具や鑿などで針書，毛彫，蹴彫などの線刻による彫刻銘を施したもの，墨書により銘文を記したもの，あるいは鋳銅製の器物の場合には製作の過程に器物に銘文を鋳出するものなどがある。陶製品の場合には，その製作の過程において，粘土による成形がすんだあとで，器物に箆状の工具を用いて銘文を記すものが大部分であり，ごく稀には完成後の器物に墨書による銘文を記すものもある。木製品の場合には墨書による記銘が一般的であるが，これまでのところ経塚出土の木製品は，発見例そのものが少ない。

記銘の方法を見ると，経塚出土の紙本経の場合には墨書か朱書であるものが一般的であるが，奈良県吉野郡金峯山の長徳4（998）年，寛弘4（1007）年，寛治2（1088）年の紙本経は紺紙金字経であり，和歌山県伊都郡高野山奥之院の永久2（1114）年の紺紙金字経と紺紙銀字願文や供養目録など，かなり高級な写経を埋納する例も発見されてはいるものの，これらは，どちらかといえば，むしろ例外の部類に属するものである。

銅製経筒に用いられる記銘方法で，もっとも一般的なのは針書，毛彫，蹴彫などの彫刻銘である。鋳出銘による記銘例は，銅製経筒ではあまり多くなく，和歌山県伊都郡高野山奥之院に天永4（1113）年銘（蓋表）のものが早く，遅いものでは，埼玉県東松山市利仁(としひと)神社に建久7（1196）年銘（筒身表面）のものが知られている。また，墨書で銘文を記す例には，福岡県内で発見されたものが多く，筑紫野市武蔵寺に康和5（1103）年銘，粕屋郡四王寺に保安4（1123）年銘，太宰府市太宰府に仁平2（1152）年銘などのほか，埼玉県大里郡妻沼に久安（1145～1151）銘のものなどが知られている。このように彫刻，鋳出，あるいは墨書などにより記された銘文の書式や文の長短は，当然のことながら，記銘された器物の形状や大きさなどの制約を受けるものであるが，一般には，さほど長文の

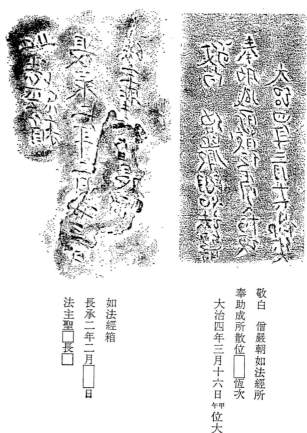

左文字の経筒銘（筒身の内側に左文字で鋳出）
（左：水戸市神崎寺経塚出土，右：千葉県谷津経塚出土）

敬白　僧嚴朝如法經所
奉助成所散位□恆次
大治四年三月十六日甲位大
午

如法經箱
長承二年二月□日
法主聖□長□

ものは見当たらない。

3 銘文の内容

経筒などの経塚遺物に記された銘文を見ると，願主や勧進僧などの名，奉納経典名，願意，奉納年月日などを知ることのできるものが多くみられる。そこで，これらの銘文によって，埋経の願意などを見てみると，平安時代においては，康和5（1103）年の山梨県柏尾山(かしおやま)出土経筒銘に「慈尊出現ノ世ニ値遇奉天」とあるような，いわゆる弥勒信仰との結びつきのある文字を記すものがかなり多く発見されており，この時期の埋経と弥勒思想との間に深いつながりのあることが指摘されている。ところが，この時期の経塚遺物の銘文約350ほどをみると，記載された語句としては，弥勒の出世を予期する願意や「為法界平等利益」，「出離生死頓証菩提」，「往生極楽頓証菩提」，「六道衆生成仏得道」など仏教の理想を願うものも多く含まれてはいるものの，一方では「為二親往生極楽」，「為現世後世安穏」といったような追善供養や現

世利益の願意も強いものである。これが鎌倉時代以降になると，弥勒の出世を予期する願意や「出離生死頓証菩提」，「為法界平等利益」などの願意は少なくなり，どちらかと言えば身近な人の追善供養や「為周方逆修」などのような逆修供養の願意が主流を占めるようになり，経塚の築造に係わる階層にもかなりの広がりが見られるようになる。また，江戸時代の一字一石経の中には「父母成仏」などと墨書された願意も発見されている。わが国の経塚築造においては，形式的には弥勒の出世を予期する願意や「出離生死頓証菩提」などの理想的な願意を表面に掲げるものもあるが，経塚築造の全時代を通して，願意そのものには個人的な祈念が濃厚であることが大きな特色でもある。

4 銘文研究の現状

経塚遺物に記された銘文は，すでに江戸時代から地誌や紀行文，あるいは日誌類などにも散見し，一般にもかなりの関心が持たれていたことを知ることができるが，各地における銘文の発見量の増加にともない，江戸時代の末頃になると，市川寛齋の『金石私誌』(1821)や西田直養の『金石年表』(1838)などが編まれ，これに紀年のある銘文が収められ，経塚遺物の銘文にも金石資料としての価値が認められるようになった。

明治になると，経塚の考古学的研究にも端緒が開かれ，1907年には高橋健自により「経筒沿革考」がまとめられ，このなかで初めて経筒銘文の集成が行なわれた。ここに高橋健自は41点の銘文を集め，これらを年代順に整理，考証し，これによって「銘文書式の変遷」をたどり，さらに銘文の年代による特徴をも指摘するなど，はじめての経筒銘文の本格的研究を行なった。これに続く経筒銘の研究は，経筒銘そのものだけを扱うという形ではなく，1921年には木崎愛吉の『大日本金石史』に，1923年には入田整三増補の『増補尚古年表』に多数の経筒銘が収められ，鐘銘や碑文などとともに，金石文史料の一部として重く扱われ，また，1950年には竹内理三の『平安遺文―金石文編』の中に約180ほどの経塚遺物の銘文が収められ，ここでは収録された金石銘文の3分の1にもおよぶものが経筒銘で占められるなど，経筒銘の史料的価値の高さが認められている。

ここまでの段階における経塚遺物の銘文研究は，どちらかと言えば，研究者の個人的な研究資料として，銘文の存在を「年表」という形で指摘することが繰り返し行なわれてきたが，個々の銘文を集成し，これらを史料として活用するには至らなかった。その後，一部に地方的な銘文集成や研究なども試みられてきたが，1980年になると，これらの先行業績をふまえて，関秀夫は平安時代から江戸時代末までの経塚遺物の銘文444点を「経塚遺物の紀年銘文集成」(『東京国立博物館紀要』15)としてまとめ，さらに1985年には『経塚遺文』として，従来より扱いの難しかった無紀年の銘文や中世から近世にかけての銘文なども含めた852点を集成し，現在知られる経塚遺物の銘文をほぼ網羅したが，ここに，ようやく経塚遺物に記された銘文の研究を行なうための，一つの基盤が整いはじめたともいえるであろう。

これまでの経塚遺物に関する研究には，紀年銘文を有する経塚遺物の研究がかなり大きな比重を占めてきており，ことに，これらの紀年銘文を持つ経塚遺物との関連において，伴出する和鏡の編年的研究が飛躍的な進展を見せてきた。しかしながら，経塚遺物そのものの研究においては，経塚遺物の編年が数量的にもかなり豊富な紀年銘を有する遺物に頼り得るところから，すでに他の考古遺物の研究においては，かなりの成果をあげている遺物の研究の方法とはやや異なり，紀年銘文を持たない遺物を含む経塚遺物の遺物的研究には，なお課題を残しているものである。近時，このようなやや立ち遅れ気味ともいえる経塚遺物の遺物的研究にも，杉山洋の「同形態経筒について」(『古代文化』35―3, 1983)などに見られるような新たな取り組みも見られはじめ，今後の成果が期待されるものである。

最後に，経塚遺物の中でも，とりわけ容器類は早くから美術品として，好事家の間で珍重されており，この種の遺物で巷間に流伝する経筒などの中には，真贋のよりどころを記された銘文に求めるものが多く，とくに，古書などに銘文の残る遺物については，慎重な扱いが望まれることはいうまでもないことであろう。その意味でも経塚遺物は他の考古遺物とは，やや異なる性格を持つものであり，出土や所伝の曖昧な遺物を扱う場合においては，遺物の製法や材質はもとより，器物などに記された銘文の内容や記銘の方法にも十分注意し，偽銘，追刻銘などに対する，資料的対応や検討を慎重に行なうことも必要であろう。

印　章

二松学舎大学講師
■ 木 内 武 男
（きうち・たけお）

日本では律令国家体制の整備にともなって印章制度も確立された
が，印章は官印，公印，私印の3つに大きくわけることができる

印章は自己を表示し，自己の権利・義務・所有を表明する手段の一として，すでに西暦前4000年紀の末ごろにはオリエントの地で使用されていた。一般に印章の用途・目的とするところは，所有権の表示，内容の漏れることを防ぐための封印，主体・権威・職務などを確認するための証印として用いられていたのであった。

これより多くの文明民族の間に印章が行なわれ，とりわけ古来文字を愛し，書を重んじた中国人にあっては，すでに殷周の時代に文字を主体とした印章が知られている。印の本義は，政を執る者が持つ信（しるし）とし，古くは印章を鈢（爾）と称し，のち璽は皇帝の専用，臣下はすべて印，章，また印章と連用された。

わが国における印章はその使用上の特殊性からして，他の一般的な考古学的資料に比しもとよりその出土例も少なく，従来は偶然発見にかかるものが多かった。したがって印章の研究は，文字資料の一分野として重要な位置を占めてはいるものの，もっぱら文献学的調査に重点がおかれ，その様式・編年などもいまだ不明確なところが少なくない。

近年各地の遺跡からまま印章の発見の報を聞くことができるが，なお出土状況よりその性格を充分に跡づけるに至っていない。考古学的研究の成果が存分に発揮されていないのが現況であり，さらに今後の発掘調査に期待するところが極めて多い。

1　中国印の伝来

わが国印章史上の劈頭を飾るものとして，またわが国古代史上の重要な一資料ともされるものに，福岡県志賀島から発見された一顆の金印がある。

すなわち天明4年(1784)，志賀島叶崎（現福岡市東区志賀島）の石室と思われる遺構の中から金印が出土した。印は印面方2.3cm，金印蛇鈕の白文で，印文に「漢委奴国王」とある。その鈕式・

形制・印文ならびに刻法においてもすべて漢印の諸条件を具備しており，一時真偽のほどが話題とされたこともあったが，いささかも疑義をさしはさむ余地のないものであった。

ときに『後漢書』東夷伝によれば，建武中元2年（57），倭（7世紀ごろまで中国で日本のことを呼んだ名）の奴国（紀元前後博多湾地方にあった一小国家）王は，首都洛陽に朝貢して光武帝より金印紫綬を与えられている。まさしく遺物と文献とが符節を合わせたものであり，わが古代史解明上の好個の史料とされている。また『魏書』東夷伝（『魏志』倭人伝）によると，邪馬台国（3世紀ごろにあった一国家，その位置については畿内説と九州説とがある）の女王卑弥呼は，魏の明帝の景初3年（239）に魏都洛陽に遣使している。翌正始元年（240）卑弥呼は「親魏倭王」に封ぜられ金印紫綬を，使者には銀印青綬が賜与されたという。

以上のことはわが国における中国印の伝来のことを示すものであるが，その後も古くはわが国において印章が製作され，通用されたという徴証はみられない。

2　律令制による印制

わが国における印章の使用のことは隋唐官印の制に倣ったもので，唐制を範とした中央集権的律令国家体制が整備されるにしたがい大宝律令の制定ともなり，ここに印章制度も確立されるに至ったのであった。

（1）官　印

『続日本紀』によれば，大宝元年（701）6月8日，大宝令の新令によって政を行なうことを七道諸国に宣告し，併せて新印の様式を頒付すとある。『令義解』公式令の規定によると，内印・外印・諸司印・諸国印の4種の印が示されており，それぞれの寸法・用法などの委細が記されている。これらの印はいわゆる官印と称すべきものであるが，現在のところまったくその実物を窺いえない。しかしながら幸にも，古文書のうちに押捺

75

された印影によりその多くのものを知ることができる。

ここに内印とは御印であり，印文に「天皇御璽」とあり，方3寸（約8.8cm）という。五位以上の勅授の位記には内印を捺すことと定められ，太政官ないし八省から諸国に下す符（所管の官司から被管の官司に下す場合に用いられる公文書の形式）にも内印が捺された。

今日内印の印影のある最古の文書は天平感宝元年（749）の「聖武天皇墾田等施入勅願文」（平田寺）であり，奈良時代のもの1種，平安時代にかかるもの2種，近世のもの1種の4種の印影が知られる。

外印とは太政官印をいい，方2寸半（約7.3cm），印文に「太政官印」とある。六位以下の位記，および太政官発行の在京官司に下す文書，保管の文案に使用された。

諸司印とは政府各省，諸部局の印をいい，八省（中務・式部・治部・民部・兵部・刑部・大蔵・宮内）・弾正台，および八省管下の寮・司などの印を称する。その大きさ方2寸2分（約6.5cm），太政官に上る解（被管の官司から所管の官司に奉る文書）およびその文案，移（所管・被管の関係ない官司の間の往復文書）・牒（内外諸司の官人・僧綱・三綱が諸司の間に取り交す文書）などの文書に用いられた。

八省の各印も正倉院文書によりその印影を認めることができ，また寮司に類する印としては春宮坊・内侍司・主船司・斎宮寮・右近衛府・施薬院・遣唐使などの印影が留められている。

このようにして各種の公文書に印の公用が本格化するにしたがい，次第に在印の文書に権威を生ぜしめることとなり，各寮司は相継いで印の給付を受けるようになった。

諸国印は方2寸（約5.9cm），地方諸国から京に上る解およびその文案・調物などに押印するものとされた。調とは諸国から貢納された物品で，その例証を正倉院宝物中の布帛類に識ることができる。

これらの官印は，『続日本紀』に「慶雲元年（704）鍛治司をして諸国印を鋳せしむ」とあり，また『延喜式』内匠寮式にもその資財・用量・工程などが詳細に記載されているごとくすべて鋳銅印によっている。

官印の使用により在印の文書に権威を生ぜしめたことは，当然印そのものに対する尊重と厳重な

保管とを意味することであった。したがって文書に押印する手続きも，またきわめて厳然と行なわれていたのであった。

（2） 公 印

古文書その他直接伝世・出土の現存古印に接してみると，前項の官印のほかになおこれに準じた公印ともいうべき印章の行なわれていたことが明らかにされる。国倉印・郡印・郷印・軍団印・僧綱印・国師印・社寺印などであり，ここにはじめて出土例も加わり印章の実体に触れることができるようになった。

国倉は各国衙に設置された正倉をいい，その管理のため国倉印が使用された。現存の国倉印に「隠伎倉印」・「駿河倉印」・「但馬倉印」があり，他に印影のみ認められるものもある。

現存の3倉印はいずれも大いさ方約6.1cm，その法量は国印と同一である。これら3印は銅質鋳上り良好であり，弧鈕無孔で形姿豪壮，鈕の上部に「上」字を陽刻しており，これらの古印により当代の官印の形制もほぼ推察される。

郡・郷は国の下に置かれた行政単位であり，郷は和銅年間里を改めて郷とした。令制により地方政治は直接中央から派遣された国司によって行なわれ，前代に比し中央政府と国司との関係はより緊密となり，あえて郡・郷印の制定を必要としなかったのであろう。

現存のものに「山辺郡印」・「児湯郡印」など，他に多くの印影も知られるが，印文の書体・寸法および形制の不統一なことより制度に依拠したものでないことが認められる。

軍団は律令制の兵制であり諸国に設置されたが，「遠賀団印」・「御笠団印」は筑前四軍団のうちの2軍団印である。その出土により所在が明らかにされ，その印には小型ながら官印の風姿を思わせるものがある。

社寺印の主要なものには，「大神宮印」・「豊受宮印」・「静神宮印」・「薙玉大神」・「法隆寺印」・「鵤寺倉印」・「尊勝院印」・「鶏足寺印」・「四王寺印」・「立石倉印」など多くのものがみられる。なかんずく「法隆寺印」は現存古印中の白眉であり，当時の官印をも髣髴させるものである。

（3） 私 印

『続日本紀』天平宝字2年（758）8月の条に，紫微内相藤原仲麻呂を大保に任じて恵美押勝の名を賜わり，「恵美家印」の使用を聴許している。こ

現存主要古印一覧

印文	時代	鈕形式	方一辺の寸法 (cm)	全高 (cm)	備考
漢委奴國王	後漢中元2年(57)	蛇鈕	2.3	2.3	(金印・白文)福岡市東区志賀島出土
駿河倉印	奈良時代	弧鈕無孔	6.0	6.5	(駿河国正倉印)宝厳寺蔵
但馬倉印	〃	〃	6.1	5.9	(但馬国正倉印)西脇敬之助蔵
隠伎倉印	〃	〃	6.1	5.7	(隠岐国正倉印)億岐有寿蔵
遠賀團印	〃	〃	4.2	5.2	(遠賀軍団印)東京国立博物館保管 明治32年,福岡県太宰府市観世音寺出土
御笠團印	〃	〃	4.2	5.2	(御笠軍団印)東京国立博物館保管 昭和2年,福岡県太宰府市国分出土
山邊郡印	〃	〃	4.7	5.4	(上総国)国立歴史民俗博物館保管 昭和43年,千葉県印旛郡八街町滝台出土
牟婁郡印	平安時代	苔鈕無孔	4.6	6.0	(紀伊国)熊野那智大社蔵 天保11年,同社境内出土
御笠郡印	〃	弧鈕無孔	5.0	4.8	(筑前国)村口四郎蔵
児湯郡印	〃	弧鈕有孔	4.4	5.6	(日向国)西都市教育委員会保管
伊保郷印	〃	苔鈕有孔	3.3	3.3	(三河国賀茂郡)豊田市郷土資料館保管
次田郷印	〃	〃	3.4	3.4	(筑前国御笠郡)村口四郎蔵
大神宮印	〃	弧鈕無孔	6.3	6.0	(天平11年初鋳,斎衡2年再鋳)神宮司庁蔵
内宮政印	〃	苔鈕無孔	5.4	5.5	(天武天皇白鳳年中鋳,承暦3年再鋳)神宮司庁蔵
豊受宮印	〃	苔鈕有孔(鈕頭欠損)	6.2	4.7	(貞観5年初鋳)神宮司庁蔵
静神宮印	〃	苔鈕有孔	4.9	6.1	(寛文7年,同社境内出土)静神社蔵
賣神祝印	〃	〃	5.0	3.8	(伝大同年間平城天皇下賜)諏訪大社蔵
瘫玉大神	〃	〃	5.2	5.2	(明治26年,群馬県碓氷郡板鼻社廃址出土)会田富康蔵
大和社印	〃	弧鈕無孔	5.4	5.0	(江戸時代,同社境内出土)大和大国魂神社蔵
法隆寺印	奈良時代	弧鈕無孔	6.0	7.3	(宝亀2年,畿内十二大寺に寺印を給付さる)東京国立博物館保管
鵤寺倉印	平安時代	苔鈕無孔	5.5	4.9	(法隆寺正倉印)東京国立博物館蔵
東大寺	鎌倉時代	梯形槌形	5.3×3.1	7.2	(鉄槌印,木柄付)阿弥陀寺蔵
尊勝院印	平安時代	弧鈕無孔	5.5	6.2	(天徳4年,尊勝院創建)東大寺蔵
興福寺印	鎌倉時代	〃	6.0	7.1	(伝建久9年12月鋳造)興福寺蔵
鶏足寺印	平安時代	苔鈕有孔	5.5	6.2	(天慶2年,世尊寺を鶏足寺と改む)鶏足寺蔵
四王寺印	〃	弧鈕有孔	5.6	6.4	(伝秋田城四王寺所用)積善院蔵
立石倉印	〃	苔鈕無孔	4.7	5.5	(伝清和天皇下賜)立石寺蔵
束尼寺印	〃	〃	4.7	5.1	(大正13年,二荒山神社別宮中宮祠より発見)二荒山神社蔵
東饒私印	奈良時代	苔鈕有孔	4.3	4.3	〃 〃
錦衣私印	〃	〃	4.0	3.8	〃
斛口私印	平安時代	〃	3.9	3.8	(栃木県那須郡小川町大字梅曽出土)東京国立博物館保管 〃
矢作私印	〃	(鈕頭欠失)	3.2	2.3	(埼玉県行田市大字埼玉出土) 〃
酒廣嶺印	鎌倉時代	苔鈕有孔	3.3	3.9	(昭和34年,日光男体山頂出土)二荒山神社蔵
田村家印	平安時代	〃	3.3	4.2	〃
陽城私印	〃	〃	3.4	3.8	〃
申田宅印	〃	〃	3.9	4.4	(伝光仁天皇下賜)鹿島神宮蔵
丈有私印	〃	(鈕頭欠損)	3.5×3.2	2.9	(昭和47年,福島県岩瀬郡天栄村志古山出土)
通永私印	鎌倉時代	苔鈕有孔	3.4	4.8	(千葉県八日市場市木積出土)
丈永私印	〃	〃	3.3	3.6	(茨城県那珂郡大宮町大宮出土)
求方私印	平安時代	苔鈕有孔	3.7	4.1	(昭和34年,日光男体山頂出土)二荒山神社蔵
大宰大貳	室町時代(明)		6.4		(鉛印,大内氏所用印)防府毛利報公会蔵
私　　　印	平安時代	苔鈕有孔	3.4	4.8	(大正13年,二荒山神社別宮中宮祠より発見)二荒山神社蔵
生　　　万	鎌倉時代	〃	3.3	3.5	(昭和34年,日光男体山頂出土) 〃
貞　　　乙	平安時代	〃	3.2	4.5	(滋賀県守山市服部出土)
春		〃	3.0	3.0	(島根県松江市大草町字彼岸田出土)
澤	鎌倉時代	〃	3.3	4.2	(昭和34年,日光男体山頂出土)二荒山神社蔵
異	〃	〃	3.1	3.2	〃
満	〃	〃	2.6	3.1	(昭和57年,兵庫県三田市貴志下所出土)
財	〃	〃	2.2	2.8	(昭和28年,鳥取県斎尾廃寺出土)
岑	〃	〃	3.2	2.8	(昭和55年,下野国府跡出土)
華嚴供印	〃	壇鈕	4.5	5.0	(木印,華厳別供印)東大寺蔵
白雲	〃	無鈕	2.5×2.7	1.3	(木印,仏照禅師印)栗棘庵蔵

印　　　文	時　　代	鈕形式	方一辺の寸法 (cm)	全　高 (cm)	備　　　　考
隱　　　谷	鎌倉時代	無　鈕	1.3	1.0	（木印，仏照禅師印）栗棘庵蔵
恵　　　曉	〃	〃	2.8	3.2	
天　　　岸	〃	〃	3.3	2.5	（木印，仏乗禅師印）報国寺蔵
慧　　　廣	〃	〃	2.1	2.4	
無　　　學	〃	〃	3.7		（木印，無学祖元印）円覚寺蔵
日本國王之印	室町時代（明）	〃	10.0		（木印，大内氏所用印）防府毛利報公会蔵
佛法僧寶	室町時代	棚　鈕	7.2×6.7	6.0	（木印，天正4年太古山清音寺云々在銘）村口四郎蔵

のほか光明皇后の私印とされる「積善藤家」・「内家私印」，酒人内親王の「酒」など，また正倉院文書中に「生江息嶋」・「鳥豊名印」・「画師池守」・「丸部足人」など庶民の私印も認められる。私印の使用はすでに奈良時代において，上層階級から一部下層階級の人びとにまで及んでいた。

私印には家印と名印の両者があり，家印は『貞観格』に1寸5分以内とあるが，その法量・形式・書体においてもまったく自由なものとなった。また私印には四字印のほか二字印・一字印のものもあり，名印の一字印は通例名の上の一字を用いた。

3　中世以降の印章

律令政治が衰頽し国家機構も急速に崩壊するに及んでは，文書の紙面に印章の押捺されることも次第に減少してきた。官印の権威が衰退し私文書が盛行して花押がこれに代ることとなった。天皇の勅旨のほかに宣旨が，太政官符・太政官牒のほかに下文（官宣旨）ができて，これらの文書には押印を必要としなかった。

「遠賀団印」（上）と「御笠団印」（下）

しかしながらなお一部には，古来の伝統によった鋳銅印も行なわれていた。

一方鎌倉時代に入ると禅宗の興隆とともに，渡来の禅僧衆によって宋・元の文人印がもたらされた。ここにおいてその影響により私印の勃興をうながし，木印を主とした前代とは異質の系統の印章が再度行なわれることとなった。室町時代以降武家も印章を文書に用いるようになり，また戦国時代に至ると大名の間には印判状と称して花押の代りに印章が盛行し江戸時代に及んだ。

禅僧間に盛んに用いられるに至った印章は，やがて印章本来の意味より自署花押の代用とされ，ついで武将たちにもこれが模倣されるところとなった。とくに武将たちの印判状にみる印文には，いずれも彼らの理想・信仰・趣味などを表現したものがあり興味深い。このように成語印・吉語印の歓迎され愛用されたことは，戦国諸大名の理想的あり方の一側面を示すものであろう。

ここにその数例を挙げてみると，北条氏の家印は印文に「禄壽應穏」とし虎の図を据え，上杉謙信は印文に「地帝妙」（地蔵菩薩・帝釈天・妙見菩薩の頭文字を取ったもの）とあり，上に唐獅子を配する。織田信長の印には印文「天下布武」とあり，豊臣秀吉の印には印文「豊臣」の金印がある。また徳川家康の印は印文「福徳」が初期に用いられ，印文「源家康忠恕」のものは御朱印船の携行した文書に用いられている。このほかキリシタン大名による切支丹印・ローマ字印なども行なわれた。

ここにおいてわが国の印章は一大変革をもたらし，これより文に，材に，形に多種多様な変化をきわめた。したがって使用の目的も多岐にわたるに至り，落款印・引首印（関防印）・遊印・鑑蔵印・蔵書印など各種のものがみられることとなった。

さらに近世の印章はとくに篆刻として愛好され，観賞の対象となる印を刻することを目的とし，併せてその印材の美をも追求しており，中国明清名家の影響によって起こったものである。

硯

福井県立朝倉氏遺跡資料館
■ 水野和雄
（みずの・かずお）

硯の出土は最近増加の一途をたどっているが，筆・墨・紙・水滴
と硯との関わりや産地の同定など，研究課題は多く残されている

　日本文化は，漢字や仮名文字によって記録され，後世に継承されてきたといえる。中国から漢字が将来され，平安時代に日本人の手によって仮名・片仮名文字が工夫されたように，硯や墨，水滴などの文房具一式も中国から伝来したが日本人の手によって模倣され，大量に生産が行なわれたのである。

　硯や水滴は，陶器・石などで作られているため，日本各地の遺跡からも多く出土している。これに比べて，筆や紙・墨などは腐蝕しやすい材質のため，遺跡からはほんの少ししか出土していない。ここでは，最も出土例の多い硯をとり上げて先学の業績に導かれて論を進めていきたい。

1　研究の概要

　1939年，内藤政恒氏は「本邦古硯雑考」を『考古学』10―6 誌上に載せられた。内藤氏の視点は，従来書家の人たちがくり返し著述してきた名硯重視の立場とはうってかわって，遺跡出土の硯に考古学的方法を用いて考察を進められた点にあり，今日の硯史研究の基礎となっている。

　1960 年には楢崎彰一氏が，1973 年以降には石井則孝氏が，陶硯についての多くの論を展開されている。1977・78 両年，五島美術館は「文房具シリーズ展」と銘うって『中国の名硯』・『日本の陶硯』展を開催した。『日本の陶硯』では，参考展示として石硯も並べられ，硯の全般が学界でも注目されるようになった。1983 年には，奈良国立文化財研究所埋蔵文化財センターから「陶硯関係文献目録」（『埋蔵文化財ニュース』No. 41）が刊行され，全国の陶硯が集大成された。また各地では，篠原芳秀氏が広島県草戸千軒町遺跡出土の石硯について，横田賢次郎氏が福岡県内出土の硯について，吉田恵二氏が陶硯の特質と系譜について，水野正好氏が江州高島産の石硯について，精力的に考察を展開されている。これらの成果をもとに，筆者も 1985 年に「日本石硯考―出土品を中心として―」（『考古学雑誌』70―4）を書いた。朝倉氏

遺跡出土の 592 点の石硯を中心に据え，全国出土の 1,278 点について分布・型式・編年などをまとめてみたもので，陶硯に関しては，筆者の力不足もあって，いまだにまとめきれないでいる。今後は，古代の陶硯と，中世以降の石硯の両者を統一的に論じてみたいと考えている。

2　硯の形態と材質

　硯の形態は，陶硯ではかなり細分されている。「陶硯関係文献目録」によれば，33 の形態を 8 群に大別している。石硯は，筆者によって 30 タイプを 6 型式に大別している。石硯の場合，彫刻の仕方で蘭亭・蓬来・斧・蟬様・琴・壺・雲竜・竹節硯など多種多様に分けられてきたが，これらは形象硯として一括して論ずべきものと思われる。さらに，中国の墓や，日本の遺跡からは，全くといってよいほど，これらの石硯が出土しない点を考慮すれば，これらの形態の大半は，中国清時代の愛硯思想が生んだ代物とみることができよう。日本で出土する陶・石硯は，円面硯・円形硯・楕円硯・風字硯・形象硯・台形硯・長方硯が大半であるが，これらの祖形は，すべて中国に認められるものである。言い換えれば，日本は中国（朝鮮経由の場合も含む）からそのつど将来した高価な「唐物」硯をモデルとして模倣し，需要に応じた量産体制の確立に全力を注ぐあまり，日本独自の型式を生むまでにはいたらなかったとも言えよう。

　中国で最古の硯としては，秦時代の湖北省雲夢県睡虎第 4 号墓出土の卵形石硯と研墨石，墨が上げられる。前漢時代には出土例も多くなるが，いずれも自然石を少し加工して長方形あるいは円形に近い形態にした石硯が主流となっている。三国時代頃に陶製の三足円硯が出現し，隋・唐時代まで陶硯の全盛期であった。とくに隋・唐時代の陶硯は，わが国の奈良時代から平安時代にかけての硯生産に強い影響を与えたことは明白である。唐時代の武徳年間（618〜626）に端溪石，開元年間

79

表　石硯における型式分類の例

傾斜（A型）	a式 有脚	IAaタイプ	IAaタイプ					IAaタイプ					
	b式 抉り（脚）	IAbタイプ	IIAbタイプ			IAbタイプ	IIAbタイプ	IAbタイプ	IIAbタイプ	IAbタイプ			
	c式 平坦	IAcタイプ		IIAcタイプ		IAcタイプ	IIAcタイプ	IAcタイプ	IIAcタイプ	IAcタイプ	IIAcタイプ	IIIAcタイプ	
垂直（B型）	a式 有脚				IIIBaタイプ					IBaタイプ			
	b式 抉り（脚）		IBbタイプ			IBbタイプ				IBbタイプ			
	c式 平坦					IBcタイプ		IBcタイプ	IIBcタイプ	IBcタイプ	IIBcタイプ	IIIBcタイプ	
側面＼裏面		I類	I類	II類	III類	I類	II類	I類	II類	I類	II類	III類	
平面	（内）	円	風字	台	長方	楕円	入角	台	入角	長方	入角	（楕円）	
	（外）	円	風字	台	長方	楕円	入角	台	台	長方	長方	長方	
各部位＼型式		円硯	風字硯			楕円硯		台形硯		長方硯			その他の硯

使用例—円硯 I A a タイプ（拙著「日本石硯考」『考古学雑誌』70—4 より）

（713〜741）に歙州石の硯材が採掘されるにともなって，中国でも石硯の時代をむかえるにいたった。

　日本では，9〜12世紀と思われる石硯資料は，すべて中国から将来されたものと考えてよいであろう。しかし，一部北九州の地においては，11世紀の後半に，石鍋工人の技術をもって滑石材による作硯の試みも行なわれていたようである。平安時代末から鎌倉時代の始め頃になると，鎌倉の千葉地遺跡でも滑石製の粗雑な作りの石硯が出土している。この頃から，日本各地で，凝灰岩・頁岩・粘板岩・泥岩などの硯材が採掘され始めたものと考えている。現在に伝わる硯材産地雨畑石，嵯峨石，宮川石，高島石，若王子石，赤間石，田の浦石などは，石硯の科学的分析と考古学的型式編年を組み合わせれば，硯材採掘の時期がいつ頃であったかがより明確になるであろう。

3　型式分類（石硯の場合）

　ここでは，筆者が行なった石硯の型式分類を，参考に述べてみたい。

　日本各地の遺跡から出土した1,278点の石硯の図や写真を集成し，まず円硯，硯尻に縁帯を有さない風字硯，楕円硯，台形硯，長方硯，その他の硯の6型式を設定した。次に，平面形として，外形・内形の違いで円硯I，風字硯I〜III，楕円硯I・II，台形硯I・II，長方硯I〜IIIに細分を試

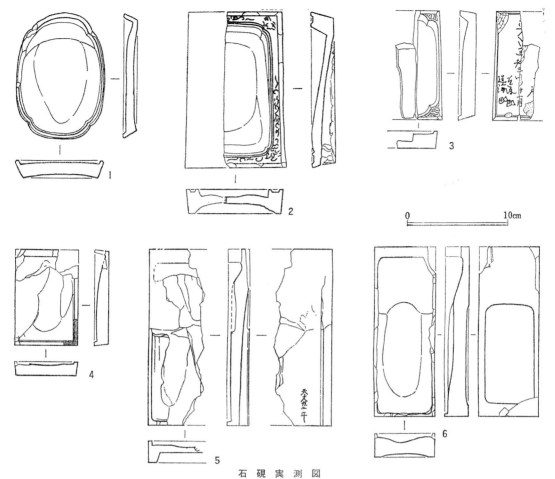

石硯実測図
1:福岡県,楕ⅡAb, 2:同,台ⅡAb, 3:神奈川県,台ⅡAc, 4:福井県,長ⅠAc, 5:同,長ⅠBa,
6:広島県,長ⅠBb
<1:『埋もれていた朝倉文化』, 2:『大宰府史跡昭和56年度』, 3:『千葉地遺跡』, 4・5:『県道鯖江・美山線改
良工事に伴なう発掘調査報告書』, 6:『草戸千軒』No.62>

みた。次に,硯の側面が傾斜(A型)しているか,垂直(B型)であるか,また裏面が有脚(a式)であるか,抉り脚(b式)か,平坦(c式)のままであるかを,各々調べていった。66のタイプ設定ののち,1,278点の石硯を,順次あてはめていくと,30タイプに該当した。次に,硯に書かれた紀年銘や,出土遺構や伴出遺物の年代,中国資料との比較検討を通して,編年作業を実施した(表参照)。

4 硯の歴史

中国から漢字が伝えられたのは,5世紀頃のことと考えられている。しかし,6世紀以前に遡る硯は,現在のところ発見されていない。

7世紀になると,日本書紀推古天皇18年(610)の「高麗王貢上僧曇徴法定曇徴知五経且能作彩色及紙墨」の記事からも,すでに硯の存在した可能性が指摘されるとともに,獣脚円面硯や圏足円面硯と呼ばれる,高い陸部,深い海部,高い外縁を有した円形の陶硯が遺跡から出土している。

8世紀になると,律令体制もかなり整備され,それに伴って中央官衙や国府,郡衙,寺院などから多量の陶硯が出土するようになる。脚部に方形の透し穴をもつ圏足円面硯が主流であるが,蹄脚円面硯も作られるようになった。この硯は,中国の南北朝から唐時代にかけて流行した青磁や白磁の多足円面硯をモデルに,日本で製作したものとみることができよう。また,写経や官人の増加にともなって需要が多くなったためか,須恵器の坏やその蓋などを硯として使用している例が著しくみられるようにもなる。

9世紀になると,中国唐時代に流行している鳳

81

池・箕形と称される陶硯の影響を受けて，日本でも風字陶硯が製作されるようになり，円面硯にかわってこの陶硯が主流の座を占めるようになった。9世紀後半には，中国から石硯もわが国に将来されるようになった。

10世紀になると，昌泰3年（900）頃に成立したとみられる『菅家文草』巻五の石硯を詠ずる詩や,『倭名類聚抄』十三文房具の「書譜云，用硯之法，石為第一，瓦為第二」などからも，石硯が陶硯を徐々に侵蝕しはじめたことが推察される。また，『倭名類聚抄』十三文房具では，硯の字音は「Gen」，訓で「Sumisuri」と表されているが，11世紀初頭の『枕草子』や『源氏物語』などでは「Suzuri」となっており，スミスリからスズリへの呼称の変化が10世紀後半にあったことが知られる。このことは，陶硯から石硯へ移行する時期にあって，当時の人々が陶硯＝スミスリ，石硯＝スズリと分別して捉えていたことを意味している可能性も強いものと思われる。

11世紀になると，文人墨客たちの中国石硯に対する愛硯思想がますます高まってくる。しかし，一方では，九州大宰府を中心とした地域においては，石鍋加工技術を利用し，滑石材を用いて，中国箕形石硯を模した風字石硯を製作する試みが行なわれていたようである（横田賢次郎氏前掲論文）。

12世紀末から13世紀はじめになると，日本製とみられる裏面を平坦にしたc式の楕円硯が認められはじめることから，この頃日本の各地で硯材が発見，採掘されるようになったものと思われる。なお，陶硯の需要は，石硯の普及にともなってますます少なくなり，鎌倉・室町時代には衰退の一途をたどることになる。陶硯が再び日の目をみるのは，釉薬をかけた織部焼硯などが文人たちの鑑賞の対象となった近世の一時期だけであった。

13・14世紀になると，鎌倉市の千葉地遺跡に代表されるように，楕円硯Iや楕円硯II（従来は四葉硯と呼ばれてきた），それに台形硯I・IIなどが主流となっている。

15世紀の石硯については，よく判っていない。筆者は，鎌倉市の千葉地遺跡出土の石硯と，15世紀後半から16世紀後半の福井市朝倉氏遺跡出土の石硯とを詳しく比較することによって，台形硯A型から長方硯B型を繋ぐタイプであろうと推定し，台形硯で側面が垂直に立ち上るB型と，長方硯で側面が上方に広がって傾斜しているA型とを抽出することができた。長方硯IAcタイプは，朝倉氏遺跡の下層で，台形硯IBcタイプは，鎌倉市の寺院跡で，それぞれ少ないながら出土しており，15世紀の基準資料となるであろう。

16世紀になると，長方硯IBa・IBcタイプが主流となる。硯材も多種にわたることから，硯生産が各地で行なわれるようになったことが知られる。また，大きさも，大・小幾種類かに分けられることから，硯箱に入れたもの，携帯用にしたものなど，用途別に作硯されたことも知られる。

17世紀になると，長方硯IBcタイプのうち，硯頭部の縁帯幅が他の縁帯より広く，かつ内面が垂直であるという特長をもった硯が主流をなす。このタイプは，16世紀後半に出現しており，20世紀の現在までひき続き生産されている。硯の歴史は，最も機能的で，かつシンプルなこのタイプの硯をもって終焉するといってよいだろう。

18世紀後半から19世紀前半になると，長方硯IBcタイプのうち，硯頭部の縁帯幅が他の縁帯より広く，かつ内面を抉るように傾斜をもって成形した硯や，硯幅よりも硯の長さが極端に長く，裏面に方形の浅い抉りをもつ長方硯IBbタイプが，形態の沈滞化の中にあって，一時期画期をみせている。長方硯IBbタイプについては，その産地が滋賀県高島石であることなどが判明してきている（水野正好「江州高島産石硯資料瞥見録」『滋賀考古学論叢』2，1985）。

5 おわりに

今回は，紙面の関係もあって，硯史の概略を述べるにとどまった。文房具，とりわけ筆，墨，紙，水滴と硯との関わりについては，さまざまな問題もあり，研究の余地も多く残されている。また，硯そのものについても，産地と石材の同定の問題，分布，販路と出土遺跡の性格についての問題，硯士の問題，日本人の中国硯に対する思想のあり方の問題など，考えれば，何一つ解明されていないというのが現状であろう。

最近，中・近世遺跡の発掘件数も増加の一途をたどっており，硯一つをとってみても，その集成すら困難な状況が生じてきているといえる。内藤政恒氏の「本邦古硯雑考」のように，じっくりと出土遺物1点1点について考察を加えてみたい衝動にかられる日々である。

●最近の発掘から

古墳時代の土器を伴う木簡──静岡市神明原・元宮川遺跡

栗野克巳　静岡県埋蔵文化財調査研究所

1　遺跡の位置と環境（静岡市大谷・西大谷・高松・水上・宮川）

　静岡平野の南東部を流れる大谷川流域に所在する。安部川扇状地の末端と，東側の有度山丘陵とに挟まれた低湿地を流れる大谷川の両岸にひろがる南北約 1 km，東西約 500 m と静岡市内最大の遺跡である。周辺には，北西の安部川扇状地に立地する弥生時代の有東遺跡や登呂遺跡，有度山丘陵裾には縄文時代以降各時代を通じた遺跡の密集地があり，駿河国分寺にも比定される片山廃寺も営まれている。本遺跡は，静岡平野南東部の遺跡群の中心にあって有度郡衙関連遺跡と考えられる。

2　調査の概要

　本調査は，二級河川「巴川」総合治水対策特定河川事業のひとつである大谷川放水路建設工事に伴うものである。現在の大谷川の川幅の拡幅のため，両岸を幅約 20 m 広げ，幅員 30〜35 m，深さ約 7 m のコンクリート構造物による擁壁を作る計画である。遺跡の中央部を南北 1 km にわたり貫通するため，静岡市教育委員会が昭和 55 年度から発掘調査を開始，昭和 58 年度から 60 年度までは静岡県埋蔵文化財調査研究所で現地調査を実施し，現在遺物整理中である。合計 36,141 m² を調査した結果，旧大谷川の河道が検出され，幅 25〜100 m，深さ 4 m にわたる埋積土内から，古墳時代後期・奈良〜平安時代・中世にかけての おびただしい 量の 祭祀遺物が 出土，古代〜中世にかけて大規模な「水辺のまつり」が，継続的におこなわれていたことがうかがわれる遺跡として注目をあびた。

　また，旧大谷川の両岸にひろがる微高地上には，弥生時代，古墳時代，奈良・平安時代，中・近世にかけての竪穴住居址・掘立柱建物・井戸・溝・土坑・柵列・粘土採掘跡などの遺構が検出されている。

3　水辺のまつり

　本遺跡の祭祀形態は，4・5 世紀のものと，6 世紀以降のものとに二大別される。

　前者の時期には，縄文時代・弥生時代いらいの"沼"と考えられる泥炭層の発達した低湿地があり，微高地から低湿地に向かう緩斜面に祭祀遺物群が発見されるという特徴がある。西大谷 7 区の例では，東向きの斜面に

壺・坏形土器・高坏・台付甕・小型器台・坩形土器などの古式土師器に伴い，碧玉岩質の管玉 13 点・ガラス玉 2 点・土製丸玉 2 点が出土（4 世紀）。また，水上 10 区の南東向きの斜面に高坏・坩形土器・壺形土器・甕形土器・小型器台・手捏土器（台付甕形）・滑石製模造品 297 点（有孔円板・剣形・勾玉形・臼玉・管玉）などが出土（5 世紀後半）。これらの出土状態からは，土器などを配置・供献した様子が窺われる。

　後者は旧大谷川の川岸から流路へかけて多量の祭祀用具を投棄＝供献したもので，卜骨・斎串・鏡・鈴・子持勾玉・勾玉・管玉・丸玉・鉇をはじめ，刀形木製品・鉾形木製品・舟形木製品・人形土製品・人形木製品・馬形土製品・馬形木製品・手捏土器・小形膳（テーブル）・小形杵など「形代」のたぐい，馬骨・絵馬・耳環・櫛・釧・緑釉陶器・灰釉陶器・墨書土器・木簡・呪符木簡などで，川岸などに，いくつかの密集地点をもつものもみられる。

4　文字資料の出土

　96 点の墨書土器と 18 点の木簡が旧大谷川の内外から発見された。その大半は前述の後者の祭祀遺物群に伴って，旧大谷川河道の堆積土層内から出土したのである。

　旧大谷川河道は，ほぼ古墳時代後期から形成されたもので，現代まで継続しているが，蛇行・侵食による変遷がみられ，①古墳時代後期，②奈良・平安時代，③平安時代末〜中世，④近世〜近代，⑤現代の流路に大別できる。現在の大谷川は昭和 17 年に改修されたときにほぼ直線的になっており，旧大谷川の蛇行による屈曲部分 6 カ所が調査区にかかり，文字資料はそのうち 4 カ所から出土したが，とくに宮川 3・4 区とした地点に木簡 14 点と墨書土器 76 点が集中した。ほかの地区では少数が散在しているに過ぎない。

　奈良時代の資料は少なく，古墳時代の土器を伴った 5 号木簡は別として 1 号・11 号木簡と，墨書土器 12 点があげられるだけである。他は，平安時代〜中世のものが多い。

5　木　簡

　5 号木簡は宮川 4 区旧大谷川・流路 6 の最下層から出土したもので，古墳時代後期の須恵器・土師器など約二

83

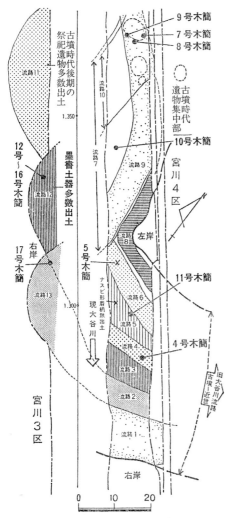

神明原・元宮川遺跡宮川3区,4区旧大谷川流路検出状況

百数十点や,斎串・人形木製品・馬形木製品・馬形土製品などの祭祀遺物のほか,杵・編錘・横櫛などの木製品や,耳環・石製紡錘車・砥石なども出土している。伴出した須恵器の坏をA群～E群の5群に分類した(口絵図)。これらは静岡県の須恵器の編年観から,ほぼ6世紀中葉から7世紀中葉に比定されている。そこで,5号木簡の年代観については,伴出須恵器群のうち最も新しいE群の時期が参考となる。さらに,木簡の性格から7世紀第三・四半期となる可能性が強い。類例としては,浜松市伊場遺跡1号,2号木簡に伴出した須恵器があり,この流路6とほぼ同じ年代のものであるという。

5号木簡の表には「相星五十戸」と書かれ,裏に2文字書かれている。「相星」は,『和名類聚抄』駿河国有度郡の項に記載されている郷名のうち「會星」(アフホシ)に該当するものと考えられる。大化改新の詔に「五十戸をもって里と為」とあり,飛鳥京跡「白髪部五十戸」(649～664),伊場遺跡「……柴江五十戸人……」(681),藤原宮跡「三囚評耳五十戸土師安部」(694～710)などの木簡によりその成立が論議されているが,東国において出土したことで須恵器の年代観などとともに今後の検討が待たれる。

裏の2文字のうち,1文字目の偏を馬と解することができる。旁りは不鮮明であるが,上に口のような墨痕がうかがえる。驛の可能性もあるが定かではない。2文字目は,長と読むのか表と読むのか判然としない。

1号木簡は,「他田里戸主宇刀マ真酒」と読める。他田(オサダ)は有度郡の郷名の一つであり,里とあることから715年の郷里制施行以前と考えられ,戸主の表記が一般化するのが701年の大宝律令施行以後とされることから,木簡の年代はおよそ701年～715年の間とされる。宇刀部真酒は人名とかんがえられるが,正倉院文書・駿河国正税帳にみられる有度部黒背と対比し,宇刀=有度の用字例を追加した。

18号木簡は平安時代末～鎌倉時代の流路から出土したもので,文字の書かれた「絵馬」である。表に馬を引く人物が描かれている。馬の尾の右側にひら仮名が3文字書かれているが,3文字目は板が切断されているため欠損している。裏面には長軸方向に3行の文字がみられる。1行目に「このへ見てハ」とあることから,表の絵と関連が深い願文が記されていると考えられるが,文意は判然としない。

その他の木簡には卒塔婆状のものや呪符木簡がみられる。頭部を圭頭や五輪塔形に刻み込んだもの,梵字「ॐ」や「南無阿弥陀」「南無大日」「南」「仁王」などのような仏教関係の文字が書かれたもの,「天罡」「鬼鬼」のような呪符木簡などである。また,「□永四年」のような年号木簡などもある。

6 墨書土器

圧倒的に1文字のものが多く,2～3文字のものがわずかにみられ,呪術・祭祀的要素が強い。奈良時代の人形土製品7点・馬形土製品6点に伴って出土した「神」須恵器坏蓋はとくに象徴的な出土状態であった。平安時代の井戸のなかから緑釉陶器とともに出土した呪語とみられる「生米」「尻」「架」のような墨書土器,人名?「多麻呂」「信孝」「田人」,数字?「十」「廿」「千」「万」,その他「大」「仁」「吉」「水」「河」「用」のように読めるものもあるが,判読できない記号状のものが多い。「みやいめ(み虫め・みキめ?)」のように類例の少ない仮名文字もある。

84

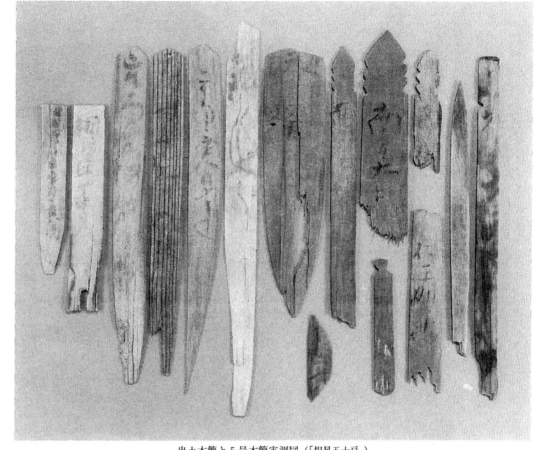

出土木簡と5号木簡実測図(「相星五十戸」)

文字資料を出土した祭祀遺跡
静岡市神明原・元宮川遺跡

登呂遺跡の東隣に所在する神明原・元宮川遺跡において、旧大谷川河道が発掘され、古墳時代後期から中世にかけての夥しい量の祭祀遺物群が発見されるとともに、多くの文字資料が出土した。文字資料には木簡17点、墨書土器96点などが含まれている。この中でも5号木簡は大化改新の詔の中に記してある「五十戸」が書かれている。古墳時代後期の流路から発見され、畿内以外の地方では、最古の木簡の一つとして注目される。

　構　成／栗野克巳
　写真提供／
　　静岡県埋蔵文化財調査研究所

5号木簡伴出の須恵器(6世紀中葉〜7世紀中葉に比定)

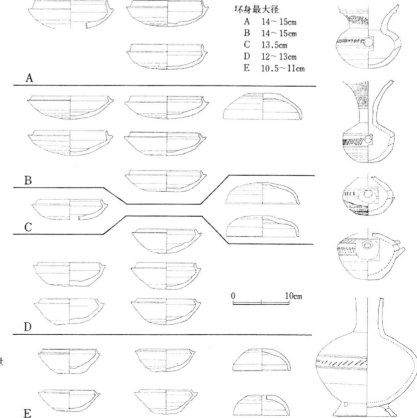

坏身最大径
A　14〜15cm
B　14〜15cm
C　13.5cm
D　12〜13cm
E　10.5〜11cm

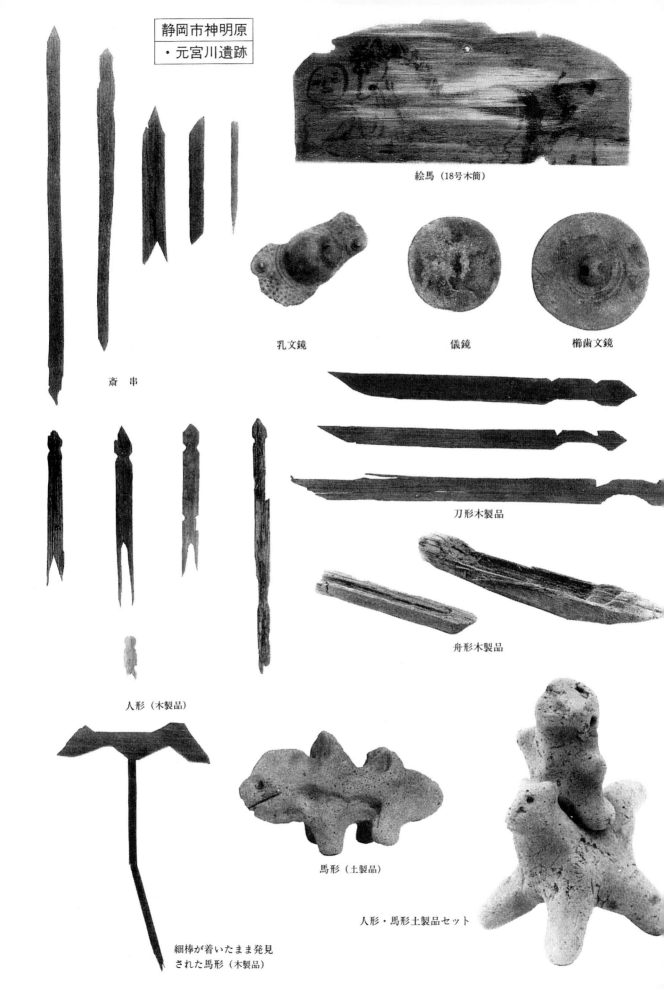

静岡市神明原・元宮川遺跡

絵馬（18号木簡）

斎串

乳文鏡　　儀鏡　　櫛歯文鏡

刀形木製品

舟形木製品

人形（木製品）

馬形（土製品）

人形・馬形土製品セット

細棒が着いたまま発見された馬形（木製品）

落川遺跡全景（C・D地区完掘，A・B地区未発掘状態）

古代〜中世への建物跡
日野市落川遺跡

日野市の落川遺跡で，東京都教育委員会による発掘調査が行なわれ，5世紀から11世紀にかけての遺構・遺物が発見された。とくに中心をなす平安時代後半の，四面に廂ないしは縁側を有する掘立柱建物が5棟発見された。出土遺物には農耕具と武具類があり，武士団的集団の発生をみてとることができる。そのほか最下層からは4世紀末〜5世紀代の遺物も若干出土している。

　　構　成／福田健司
　　写真提供／日野市落川遺跡調査会

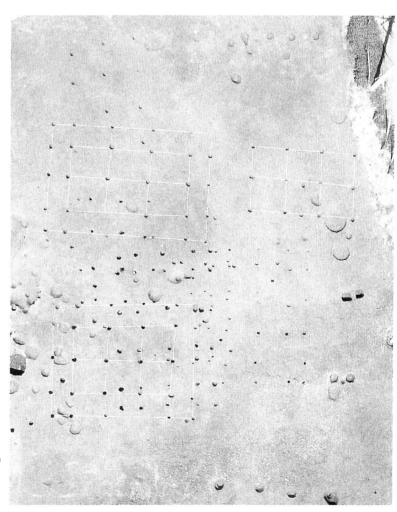

B地区掘立柱建物址（縁側付）

日野市落川遺跡

出土鉄製品 1〜9鉄鏃（とくに雁股鏃が多い），10轡銜，11・12兵庫鎖（鞍と鐙の間の鎖），13・14鉸具，15鼠刃の錐，16金鎚，17〜24釘，25刀子，26鍔，27〜29鎌，30鋤（半欠），31〜43鉄錘（小鉄板を曲げ，中央が穴になるようになっている），44和鋏，45紡錘車，46焼印（土の字），47三足鍋の足（獣足状）

●最近の発掘から

平安時代後期の遺構群——日野市落川遺跡

福田健司 東京都教育委員会

本遺跡は，東京都日野市落川682番地～870番地より多摩市側にかけての多摩川沖積微高地上（海抜54～55m）に立地している。このため数度にわたる洪水・冠水などを受け，埋まったり，人工的に盛土・整地するなどして，遺構面も確認されただけで約3面存在する。現在，都営住宅建設に先立ち約27,000 m²の調査が行なわれている。

検出された遺構の時期は，6世紀代から11世紀代であるが，4世紀末から5世紀代にかけての遺物が，最下層の砂層中より若干出土する。本遺跡も他の多摩川流域の沖積微高地上の遺跡同様，4世紀末～5世紀初頭頃開発されたと考えられる。そして，11世紀末頃まで連綿と繁栄するが，その後は不明となる。

1 各時代と周辺遺跡（図1）

本遺跡（1）の一番古い時期である古墳時代前期と関係する遺跡は，南方約1kmの多摩川支流である大栗川対岸の多摩市の和田・百草遺跡群（2）である。この遺跡は，多摩丘陵内を流れる数本の中・小河川の一つである大栗川が恐らく丘陵を開析していく過程で出来上ったと思われる広い緩斜面上に立地している。道路建設や拡張工事などに先立ち調査を行ない，古墳時代前期の住居址・方形周溝墓などを発掘している。ついで，古墳時代後期になると，大栗川左岸多摩丘陵上に万蔵院台古墳群（3），その南斜面には，中和田横穴墓群（4），その対岸である前述の和田・百草遺跡群の中に都指定の稲荷塚古墳（5）を初めとし，臼井塚古墳（6），庚申塚古墳（7）などが存在している。この和田・百草遺跡群の地域は，江戸時代の元禄の頃まで塚が40～50存在し，「塚原（つかっぱら）」と呼ばれていたが，陸田のため削平したとあり，かなりの古墳群が存在していたと思われる。これを裏づける調査が，多摩市で行なわれており，この遺跡群が，古墳時代前期から後期にかけての集落と墓域を有する大遺跡群であった事が判明しつつある。そして古墳時代も終焉に近づくと，多摩川対岸北東約4kmには，武蔵国府（8）が整備され始めると考えられる。奈良時代に入ると，同北東6kmに武蔵国分寺（9）が存在し，また，前述の和田・百草遺跡群の東方に東寺方遺跡（10）が営まれる。そして，この東寺方遺跡と関係があると考えられる南多摩窯址群の最も古い窯で

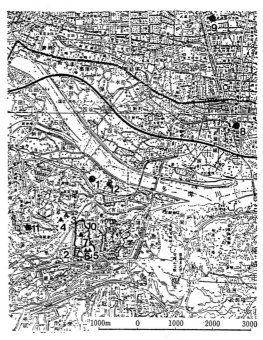

図1 周辺地図
1落川遺跡 2和田・百草遺跡群(太線内) 3万蔵院台古墳群 4中和田横穴墓群 5稲荷塚古墳 6臼井塚古墳 7庚申塚古墳 8武蔵国府 9武蔵国分寺 10東寺方遺跡 11百草・和田1号窯 12小野神社(武蔵一之宮)

ある百草・和田1号窯（11）が，東寺方遺跡より西1.5kmに存在している。

以上，周辺の各時代の遺跡を簡単に述べたが，本遺跡と最も密接な関係にあったのは，東方約300mに鎮座している武蔵国一之宮と考えられる小野神社（式内社）（12）である。本遺跡は，この社を中心に多摩郡の10郷の1つである小野郷に比定される地域であり，平安時代では，『日本紀略』続編1，延喜17年（917年）に記載された小野牧に関係するとも推測されている。

2 主な調査遺構と出土遺物（図2）

現在までに調査された遺構は，竪穴住居400軒以上，掘立柱建物址約30棟，土坑約800基，溝址約150条，井戸址2基，ピット約2,000個，その他数基の鍛冶炉，墓壙，祭祀跡，畑地跡，道路跡などである。出土遺物

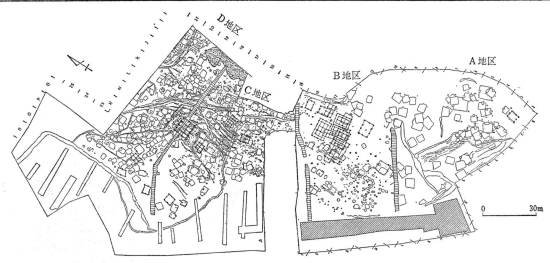

図2 落川遺跡全測図（C・D地区完掘，A・B地区中間およびA・B地区下層未掘）

は，土器は須恵器・土師器・須恵系土師質土器・緑釉陶器・灰釉陶器・舶載陶磁器（越州窯系青磁・邢州窯系白磁を含む）などである。金属器は，主に鉄器で，鋤・鍬・鎌などの農耕具，鐔・短刀・刀装具・鏃・刀子・馬具など武具，釘・金錐・錐などの大工道具，鍋・釜などの炊飯具，火打鎌・紡錘車・投網用の錘など日常使用するもの，また特殊なものとして，和鋏・鍵・焼印（「土」の字）などが出土する。他に，鉸帯・石帯や，遺跡南西側に存在する湿地帯の砂層中より弓・鍬・槽などの木製品も出土する。

3 平安時代後期の建物

以上述べてきた遺構・遺物の大半は，およそ11世紀代のものである。そして，11世紀も後半になると，身舎が桁行3間×梁行2間の総柱で四面に廂ないしは縁側を有する掘立柱建物が，現在までに6棟検出されている。1棟1棟の規模は，わずかずつ違い柱間も1間あたり2.7m〜2.1mとばらつき，廂部分ないしは縁側部分も1.5mか1.2mである。規模の大きな建物は，廂ないしは縁までの総長東西11.1m×南北7.8mで約87m²である。また，小さくとも総長東西6.6m×南北8.7mで約57m²を有している。しかし，その反面柱は，小さく打ち込みでなく掘方を有するが，小さな掘方で径約20cm，大きくても径約40cmである。したがって柱自体は，直径15〜16cmぐらいのものであろう。また，根石が数個残っており，根石を有していた建物と思われる。これらの建物の回りには，まだ数棟の同様規模の建物が存在し，柱が細いゆえに短期間で建て替えられて，その結果，集中して検出されると推測される。そして，この四面廂ないしは縁側を有する建物を主屋とし，これに付属すると考えられる掘立柱建物，竪穴住居，平地式住居も確認されつつある。しかし，これら同時期存在の建物群を区画するような溝・柵列などは，現在のところ不明である。

本遺跡はまだ発掘中であり，この建物群も不明な点が多いが，過去の調査や出土遺物より，その性格，またそこで生活していた者達をある程度推測することができる。時期は11世紀後半であり，身舎部分をのぞく回りの側柱は，身舎の柱と並びが通らず四面廂と考えるより絵巻物などに見られる縁側が巡っている建物と考えられる。また，この時期の遺構より出土する鉄器は，大まかにいって農耕具と武具類である。武具類の中の大半は鉄鏃で，他に刀装具・鐔など刀関係や馬具類が出土している。もちろん日常品も多く出土しており，土器の中には，北宋頃の舶載磁器片を含んでいる。

以上のことより，本遺跡のこの建物とそこに生活していた者達を想像すると，平常時においては農業を中心として営み，ひとたび戦乱が起れば馬などを率いて戦いに赴いた者達が浮かんでくる。そしてこの主屋的な縁側を有する総柱の建物に住む者と，そうでない者が別れており，そこには，原始・古代と長い間続いてきた血縁的な結合を越えた地縁的な新たな結合集団を想定させる。さらに推測を進めるならば，それらの集団は，武士団的集団であり，経済的基盤は，農業以外に牧・山林・原野・河川の管理なども行なっていたと考えられる。このような集団の発生は，本遺跡では，さらに逆上ると考えられる。

4 おわりに

本遺跡は，古代から中世へ向う重要な問題を含むだけでなくその形成期にも留意すべき点を含んでいる。今後調査の進展の中で解明していきたい。最後となってしまったが，本文を書くにあたり，調査団長である坂詰秀一先生に御配慮いただき感謝いたします。

連載講座
日本旧石器時代史
4. 前期旧石器時代の環境とくらし

東北歴史資料館考古研究科長
岡村 道雄

● 自然環境 ●

　更新世の火山活動は、今よりはるかに活発であった。たとえば宮城県北西部の江合川中流域では、軽石や火砕流が厚く堆積するきわめて規模の大きな爆発が約2万年前後の間隔で起きている。これらは鳴子や栗駒火山などを噴出源とした噴火であるが、他地域でもほぼ同様な状況であった。大規模な火山活動は、各種の災害を招き、気候や動・植物、地形や土壌などの自然条件を大きく左右した。

　ところで今から約20万年前に、現在のところ最古の人類の足跡が日本列島に印された。そのころは最後から2番目の氷期の終末に相当する。年平均気温は最後の氷期よりも低く、今より9度近くも低下していた。そのため大気中の水分は氷や雪となって地表に固定され、海に流れ出さないため、海面は現在より140mほど低下して海岸線は大きく後退した。少なくとも朝鮮海峡は姿を消し、日本は中国大陸と陸続きになっていた（図11）。このため日本海には南からの暖流が流れ込まず、乾燥した気候となった。なお南の陸橋沿いに、アナグマ・サイ・オオカミ・楊氏虎や小型の齧歯類（ニホンモグラヂネズミ・ハリネズミ）など、周口店動物群の流れとナウマンゾウが日本列島に到達していた。また寒冷気候のため、針葉樹と草原が目立つ景観が広がっていた。

　しかし、その後再び暖かい間氷期となった。約13万年前の最も暖かい時期には、海水面が30〜40mも上昇したといわれる。現在の平野部にあたる地域には海水が進入し、全国各地に海成層・海岸段丘を残した。また西南日本の各地や南関東からは、ナンキンハゼ・コクサギ・ツゲ・サルスベリ属・アカガシ亜属（カシ類）・イヌマキ属などの暖温帯要素を含む植物遺体群集が報告されている[1]。この時期を下末吉海進期と呼んでいる。日本列島は大陸と離れ、動物は渡来できなくなった。しかし、その前に渡来し

▲北京原人
　周口店動物群

図11　下末吉海進より前の日本と大陸（文献1）に加筆）

91

ていたナウマンゾウが全国に広がり，ニホンムカ
シジカと ともに この時期の 代表的な 動物となっ
た。このほかヤベオオツノジカ・ジャコウジカ・
ニキチニカモシカ・トラ・エゾヒグマ・タナカグ
マ・オオカミ・ニホンザル・トガリネズミ・ニホ
ンモグラヂネズミなどが知られる。そして，これ
らのうち約半数のものはすでに絶滅している[2]。
なお，下末吉海進期の暖かさも長くは続かず，1
～2万年の周期で寒暖の変化を繰り返しながら次
第に最後の氷期へと向かっていった。

　約7万年前から始まった最終氷期は，約5万年
前と約2万年前に極寒期を迎え，とくに後者は著
しかった。約5万年前の寒冷期は，日高山脈トッ
タベツ岳や立山に残された氷河地形で確認される
し，野尻湖の花粉分析結果 などからも 推定 でき
る。このころにはマンモスで代表される北方系動
物群のうち，ヒグマ・ヘラジカ・ヘミオヌスウマ
などが北海道を経由して本州まで南下している。
ただし，約 4～3.5 万年前には温暖で湿潤な気候
を回復し，ブナ属やコナラ亜属・ハシバミ属など
の冷温帯落葉広葉樹が多く，コメツガ・ヒメバラ
モミ・チョウセンゴヨウなどの針葉樹も多く混じ
える疎林的な針広混淆林を形成し，その周辺には
草原が広がっていた。しかし，その後は最終氷期
の最寒期に向かって寒冷・乾燥化が始まり，疎林
化と草地の拡大がさらに進んでいった[1]。

　以上説明した自然環境のうちでも動植物相は，
当時の人びとの食料資源となりうる物の範囲を示
し，食料獲得・処理のための道具とその変遷とも
関連し，陸橋の 有無と動物の 渡来は古人類の 移
動・流入とその文化の伝播の可能性を示すなど，
自然環境に関する知見は厳しい自然に規制されて
いた当時の人類活動とその歴史を理解する上で必
要不可欠である。

● 古 人 類 ●

　日本の前期旧石器文化を残した主人公について
は，ほとんど 知られていない。これまでに明石
人・葛生人・牛川人と呼ばれる化石人骨が，当該
期に属するといわれた。

　明石人は，兵庫県明石市の西郊にある西八木海
岸で，故直良信夫によって1931年に採集された。
現物は戦災で焼失してしまったが，その後長谷部
言人が残されていた石膏模型を検討し，男性腰骨
と判断した上でその形態から原人級のものと推定

した。しかし近年，遠藤万里・馬場悠男が，世界
各地からその後に発見された腰骨と明石人のもの
を比較し，統計学的に解析した。そして両氏は，
縄文時代以降現代までのいずれかに属するもので
あろうと結論した[3]。ただしそれは化石化してい
たという証言も多く，必ずしも否定的な材料ばか
りではなかった[4]。そこで春成秀爾・西本豊弘は，
1985年3月に西八木遺跡の発掘を実施した。発掘
は，腰骨が採集された地点の北 10m 以内と推定
される所を対象とした。それは「含礫砂層」の崩
壊土中から出土し，青粘土がついていたと報告さ
れているが，発掘区のV層がそれに相当し，5～12
万年前の地層であると推定された。さらに同層に
含まれる砂層からハリグワを用いた板状の木製品
といわれるものが1点出土した。また同層からは，
やや水磨した碧玉製の二次加工ある剝片が，1965
年に採集されていた[5]。これらはそれぞれ異なる
経緯をもった資料であり，一括で語ることはでき
ない。今後，類例の発見に努め，木製品？につい
ては自然の営力ではできないことを証明するなど
検討課題も多いが，将来に大きな可能性を残すこ
とになった。

　「牛川人」は，1957 年に静岡県豊橋市牛川町の
採石場で，石灰岩フィッシャー内の堆積層からシ
カの骨とともに採集された。両端の関節部を失っ
た 96mm の左上腕骨片と左大腿骨片 といわれ
る。共伴したといわれる動物化石や地層の古さな
どから中期更新世上部に属する可能性が説かれ，
「旧人」に相当すると考える学者もいる。しかし，
小破片であり，年代についての疑問も提示されて
いる。なお，葛生人については少なくともヒトの
大腿骨が含まれているといわれるが，所属時期は
定かでない。

　ところで約 20 万年前の中国大陸では，古人類
は 原人の 段階から 古い型の ホモサピエンス（「旧
人」）の 段階に移行していた。これまでに古い型の
ホモサピエンスに属する人骨は7か所で発見され
ている。一方，ほぼ同時期に栄えたネアンデルタ
ール人は，フランスを中心に西はポルトガルから
東は中央アジア・ソ連のウズベク共和国まで分布
していた。両者は種々の点で異なっており，中国
大陸のものは北京原人で代表される同地域の原人
の特徴を受け継ぎ，そしてそれ以後の化石も系統
発生的連続性をもつという。古い型のホモサピエ
ンスの 段階ですでに モンゴロイドとしての 特徴

をもつグループが成立していたと推定されている[6]。日本列島初期の住民も、前述のような中国大陸での様相に包括されていた可能性が高い。

● 遺跡の分布と立地 ●

石器文化談話会などによる遺跡の分布調査が進んでいる宮城県の江合川中流域では、62か所の旧石器時代遺跡が確認され、このうち16か所からは前期旧石器が発見されている。旧石器時代を通して遺跡は川の両岸に沿って分布し、川から2km前後の距離に納まることが多く、3～4km離れると急激に少なくなる。川沿いに生活が展開されていたことが明瞭に読み取れる。川の水に頼り、水を求めて集まる獣を捕獲し、道としての川筋を利用していたのであろう。

遺跡は川沿いに延びる南東向きの丘陵上の平坦地、あるいはそこを浅く開析した谷の谷頭付近に立地する。いずれも南に面していることが多く、日当りの良い乾燥した丘陵上を選択していることが理解できる。このように遺跡立地には、強い選択性が窺えるが、前述のような条件さえ満たしていれば、どこにでも同じような内容をもった遺跡が分布する。

たとえば丘陵上の平坦地の広さにかかわらず、小規模遺跡しか発見されていないし、時代・時期によって遺跡分布が偏ることもなく、多くは重層・複合して遺跡が残されている[7]。これまでにこの地域で発掘された前期旧石器時代の遺跡は、座散乱木遺跡と馬場壇A遺跡だけであるが、他遺跡の露頭断面観察も総合してみると遺物集中地点（以下、集中地点と略記する）の範囲は一般的に狭い。出土石器も少数で、石器組成に占める二次加工の施された石器の割合が高い。また石器同士の接合例は安沢遺跡の断面採集資料以外にはなく、同一母岩資料もわずかである。また遺跡内でチップが検出されることもまれで、石器製作の痕跡をほとんど残していない。

したがって当時の居住形態は、特定の場所に留まらない短期間の等質な移動生活を川に沿って8kmほど延びる丘陵上で繰り返していたといえよう。そして、この移動のルート内に河原などの石器原石産地が組み込まれ、そこで石器製作が行なわれていたと考えられる。なお、この流域を明らかに離れた遠隔地で産出する石材で作られた石器は今のところ発見されていない。また前述のよう

図12 馬場壇A遺跡20層上面でのサンプル採集

な居住形態は、おおむねこの地域の後期旧石器時代へも受け継がれる。

● 遺跡内でのくらし ●

前期旧石器時代の遺跡の広がりや構造が、良好な保存状況下で把握できるのは、愛知県加生沢遺跡、宮城県の青葉山B・長岫・中峯C・座散乱木・馬場壇A遺跡である。これらの遺跡の石器分布状況は、2種類にグルーピングできそうである。すなわち同一地表面に数か所の集中地点がほぼ半円形に位置する場合と、集中地点が1か所単独で存在する場合がある。

前者の好例としては、馬場壇A遺跡20層上面があげられる（図12）[8]。そこは一迫軽石層およびその直前に降下した薄い火山灰層に満遍なくおおわれ、約14万年前の地表が良好に保存されている。その面は弱い起伏をもちながら南東にゆるやかに傾斜し、発掘区の中央に南から小さな浅い沢状の凹地が入る。その凹地の源に当る所を囲むように6～7か所の集中地点が発見され、それらは東西20mで南北約20mの範囲に南が開いたU字形に点在していた。集中地点はそれぞれ長径5.5m、短径2.5mほどの楕円形の範囲をもっている。面積は10m²前後でやや小型な縄文時代以降の竪穴住居の床面積に相当する[9]。それぞれは1.5～2mの間隔をもって分布し、いずれからも20～30点前後の石器がそこに放置されたと思われる状態で出土した。各々石器組成も共通し、二次加工が施された石器や微細剝離痕のある石器が多く、石器製作を示す痕跡もない。またそれら

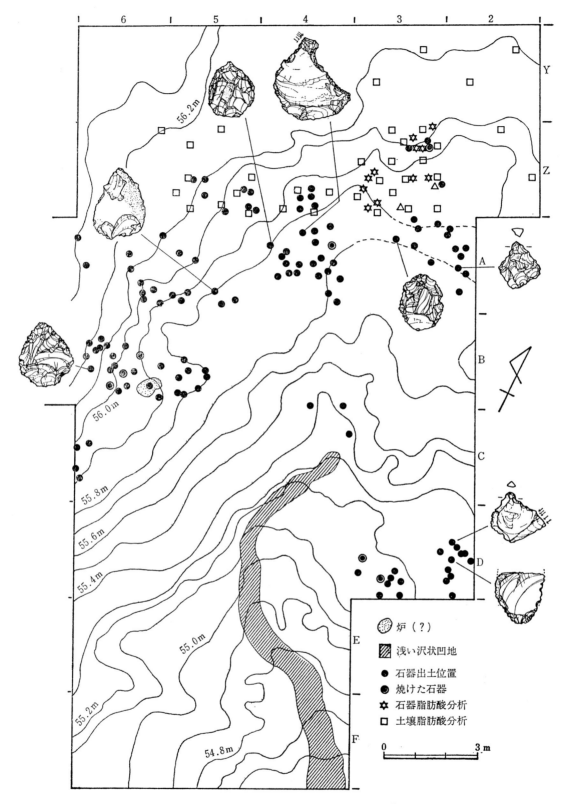

図 13 馬場壇A遺跡 20 層上面の地形と石器出土状況

は，同一母岩を共有することからも同時に残されたものといえる。

さらに各集中地点のほぼ中央には，径1m前後の空白部が認められた。そのうち1か所を，20cm間隔で約3×4mの範囲について熱残留磁気測定した。すると約70×50cmほどの範囲が，磁化強度が他の部分に比べてかなり強く，今とは逆方向の南に向かって揃っていた。分析者の真鍋健一によれば，このような変化はその場所が熱を受けたことによって生じたと推定され，そこで焚火された可能性が高い。さらに別な集中地点で一定の範囲から検出した石器14点と，土壌35サンプルを中野益男に依頼して脂肪酸分析した（図13）。その結果，石器および集中地点内の土壌からは大・中型動物と植物由来の脂肪酸が検出され，集中地点を離れた所ではごく隣接した場所でも植物由来の脂肪酸しか検出されなかった。当時の遺跡内の植生を反映する植物質の脂肪酸をさし引くと，集中地点内の土壌と石器には大・中型動物の脂肪酸が残されているという明瞭な差が確認

できた。このことは集中地点内に獣に関連するものが存在したこと，石器の被加工物も同様なものであったことを示す。

また同層の出土石器102点を使用痕分析したところ，微細使用痕（磨耗光沢）は15点にしか検出できなかったが，それらのほとんどは角・骨あるいは皮・肉を加工した石器であると同定され，脂肪酸分析の結果に近似する。なお，集中地点の内と外では脂肪酸のあり方が明瞭に異なり，内外を画する遮蔽物があったのかもしれない。

以上を総合すると馬場壇A遺跡20層上面では，母岩を共有する間柄であった6〜7の小集団が，それぞれ焚火を囲み，径5.5×2.5mで面積10m²ほどの範囲内で20〜30点の石器を用いて獣の肉骨などの調理・加工を行なうなどの短期間の生活を送ったと想像される。各集中地点の面積から見て小集団の構成を5人前後と仮定すれば，馬場壇A遺跡20層上面を占拠した単位集団は，30〜35人ということになる。

馬場壇A遺跡20層上面と同様な例としては，

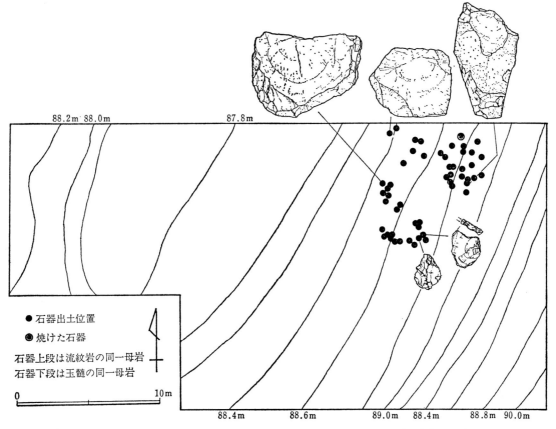

図14 宮城県中峯C遺跡 VIIb層上面の石器分布（地形はVId層上面の等高線。文献9）に加筆）

中峯C遺跡Ⅶb層上面と座散乱木遺跡13層上面の集中地点があげられる。中峯C遺跡ではNo.13〜16の4集中地点が、南東に向かって開く大きさ6.2×8.5mほどの半円形に配置している[10]。当遺跡では馬場壇A遺跡20層上面のような地形的制約がないにもかかわらず、中央の空白部を囲んで半円形に集中地点が分布する。同様に座散乱木遺跡13層上面も平坦地に4集中地点が、北に向かって開く径10m前後の半円形に配置している[11]。したがって、このような様相は前期旧石器時代のセツルメントの一形態を示す可能性が高い。また中峯C遺跡では、2×3mほどの範囲にそれぞれ10〜20点前後の石器が出土している。いずれの集中地点も馬場壇A遺跡20層上面と同様中央部に径1m前後の石器が出土しない所がある。これらは馬場壇A遺跡と同様焚火跡であるかもしれない。さらに当遺跡の石器分析を担当した小川出の御教示によれば、4か所の集中地点のうち3か所からは同一母岩である粗粒の流紋岩で作られた石器が分散して出土しているという。つまり各集中地点は、同時に残された可能性が高い（図14）。

一方、かなり広範囲が発掘されたにもかかわらず、単独の集中地点あるいは数点の石器しか発見されない場合も多い。青葉山B遺跡では約660m²発掘したが、数点の石器しか発見されなかったし、長岫遺跡でも約500m²の範囲から20点の石器で構成された単独の集中地点が発見されただけである[12]。また加生沢遺跡でも100m²前後の調査区内から、流紋岩を主体とする30余点の石器が5×6mの範囲に集中して出土した[13]。同様に中峯C遺跡Ⅳ層上面、同遺跡Ⅶc-1層の上・中とⅦc-2層上、馬場壇A遺跡19層上では、単独と推定される状況で1集中地点が発見されている。また、群馬県権現山・不二山遺跡も類似した石器出土状況であったらしい。ところで、単独で残された集中地点の規模や内容は、集中地点が半円形に配列する場合の一集中地点の様相と差は認められない。一小集団が単独で居住した痕跡とみられる。

以上のような状況は、小集団の集合と分散を示しているのではなかろうか。大型獣の捕獲など協業の必要があって集合し、再び分散するという居住形態を繰り返していたのかもしれない。また、季節的な移動・居住とも関連するかもしれない。

なお、このような居住の形態からみて、かなり発達した言語を媒介とした集団生活が営まれていたといえよう。

● 火 の 使 用 ●

どの遺跡からも焼けたと思われる石器が、全体の1割弱出土している。これらについては科学的分析をしていないが、焼けハジケや焼け変色と推定されるものが認められる。前述のように焚火跡も推定され、当時の人びとが身近で火を使用していたことがわかる。ただし、焼土・炭は残っていない。

ところで土壌中に残された植物由来のプラントオパールと主に同一起源の腐植（炭素）は、ほぼ正比例して出現する。しかし、3万年前より古くなると急激に炭素は減少する。また後期旧石器時代では焼土の検出例があり、散在する炭粒も発見されている。しかし、焼土については少数例しか知られておらず、そのほとんどは細石刃盛行以後の新しい時期に属する。すなわち、悠久な時の流れの中で焼土・炭は消滅してしまったのであろう。

　　註
1) 那須孝悌「先土器時代の環境」『岩波講座日本考古学 2』所収、岩波書店、1985
2) 長谷川善和「脊椎動物の変遷と分布」『日本の第四紀研究』所収、東京大学出版会、1977
3) B. Endo, H. Baba「Morphological Investigation of Inomminate Bones from Pleistocene in Japan with Special Reference to the Akashi Man」人類学雑誌、90、1982
4) 春成秀爾「明石人問題」旧石器考古学、29、1984
5) 春成秀爾「明石人問題その後」歴博、18、1986
6) Wu Xinzhi, Wu Maolin「Early Homo sapiens in China」Palaeoanthropology and Palaeolithic Archaeology in the Peoplés Republic of China, 1985
7) 東北歴史資料館『江合川流域の旧石器』1985
8) 東北歴史資料館・石器文化談話会編『馬場壇A遺跡Ⅰ―前期旧石器時代の研究―』1986
9) 都出比呂志「家とムラ」『日本生活文化史 1 日本的生活の母胎』所収、河出書房新社、1975
10) 宮城県教育委員会『中峯遺跡発掘調査報告書』1985
11) 石器文化談話会編『座散乱木遺跡―考古学と自然科学の提携―』1983
12) 泉市教育委員会『泉市長岫遺跡現地説明会資料』1984
13) 加生沢遺跡調査会『愛知県加生沢旧石器時代遺跡』1968

書評

西 弘海 著
土器様式の成立とその背景

真陽社
A5判 300頁
3,000円

　本書は，凡例にあるように，1985年5月に38歳という若さで病に斃れた故西弘海氏の遺稿集である。本書は三部構成の形をとり，第Ⅰ部と第Ⅱ部には氏が奈良国立文化財研究所および文化庁記念物課在職中に発表された多数の論文，講演記録のうち主なもの9篇が収録されており，日本古代の土器に対する氏の考え方が遺憾なく示されている。第Ⅲ部は京都大学在学中に京都大学考古学研究会の一員として，また，考古学専攻生として書かれた論文であり，ここに収められた「縄文時代の狩猟具」は本書によって初めて世に公表されるものである。

　西弘海氏が考古学徒としての長くはない人生の中で最も心血を注ぎ，学界に裨益されたのは飛鳥時代から平安時代までの古代日本の土器研究であり，戦後における土器研究の到達点の一つを示すものと言える。

　日本古代の土器は戦前からも研究されていたが，本格的な研究の基盤を築いたのは楢崎彰一氏と田辺昭三氏であり，愛知県猿投山西南麓古窯址群の調査（1955年～1962年）と大阪府陶邑古窯址群の調査（1961年～1976年）の中で，古墳時代から平安時代までの須恵器・灰釉陶器・緑釉陶器・山茶椀生産の実態が明らかにされ，両氏によって古墳時代から平安時代までの土器編年大綱が確立された。

　こうした窯跡出土土器を対象とした土器研究と対照をなしたのは，1959年以後継続的に発掘調査が行なわれた平城宮跡出土土器を対象とした田中琢氏の研究法である。

　平城宮跡出土土器は窯跡出土土器にはない研究上の利点を有している。最大の利点は時として紀年銘木簡を伴出したり，紀年銘の墨書のある土器が出土することであり，土器群に絶対年代を与える有力な手懸りとなる。また，生産品のすべてが残されることのない窯跡出土品に比べて，使用後一括投棄される場合が多いため，廃棄された場所と時点による制約はあるものの，使用時の器種構成を復原することが可能である。土器関係の豊富な文献記録をもつことも古代土器の大きな特徴である。奈良時代には『正倉院文書』，平安時代には『延喜式』があり，消費の場を中心とした詳細な記載が残されている。考古学的方法による検討とともに文献記録との対比が可能な古代土器の研究法の基礎を築いたのは田中琢氏であり，これを継承発展させたのが西弘海氏である。

　西氏の業績は多岐にわたるが，今その主なものをあげると，飛鳥時代から平安時代までの約300年間にわたる土師器・須恵器の編年を確立したこと，300年間にわたる土師器・須恵器食器類の器種分化と法量変化の変遷過程を克明に明らかにしたこと，杯・皿・椀などに分かれて複雑多様に器種分化する土師器・須恵器食器類の祖形が金属器鋺であることを実証したこと，縄文時代以来今日までの長い日本の土器文化の中で，古代の土器が律令的土器様式とも言うべき極めて特異な性格をもったものであることを明らかにしたこと，などを掲げることができる。

　奈良時代の土師器杯・皿・椀類に形態を同じくしながら法量（口径と高さ）の大小による器種分化のあることは，『平城宮報告Ⅱ』および『平城宮報告Ⅳ』において田中琢氏によって明らかにされていた。しかし，これを飛鳥時代から平安時代までの土師器・須恵器について跡付けたのは西氏の功績であり，本書第Ⅰ部所収の「平城宮の土器」と「七世紀の土器の時期区分と型式変化」で示された氏の研究法と成果は，畿内のみに限らず，全国の土器研究に新たな方向性を与えるものとなった。

　西氏の緻密な技法研究と様式研究は飛鳥時代以後の土器研究に留まるものではない。自らが明らかにした律令的土器様式成立の背景がどのように形成されたかを説いたのが「土器様式の成立とその背景」であり，古墳時代の開始期にまで遡って土器の変遷が解明されている。ここでは単なる土器の変化を超えた土器文化に対する氏の哲学が見事に表わされている。本書に収められた諸篇のうちの白眉であろう。

　以上のような蓄積の下に書かれたのが，「奈良時代の食器類の器名とその用途」である。文献記録に現われる土器名と現実の考古遺物との関係を求める器名考証研究も歴史時代土器研究が避け得ぬ分野であり，古来幾多の人々によって論じられてきた。しかし，研究の大前提ともいうべき考古遺物（土器）研究の不備という制約にあって，器名考証研究は低迷していた。『正倉院文書』中の土器食器類の用法を『延喜式』を援用しながら明らかにし，これと出土土器との関係を明確に説いたのがこの論考である。

　この論考の最後に，「残された課題である『平安時代の食器類の器名とその用途』については，また別稿において検討してみることにしたい。」と書かれた氏が本意なく逝去されたのが残念でならない。

（吉田恵二）

書評

桜井清彦・坂詰秀一 編
論争・学説 日本の考古学
4 弥生時代

雄山閣
A5判 287頁
3,500円

　本書は，弥生時代に関する9篇のテーマ別研究史と，それを網羅的に扱った総説篇からなる。

　乙益重隆「総説」　9テーマ別に研究の歩みをたどり，問題点を整理している。いわば後に続く9篇の導入的役割をも果たす。のみならず，随所に乙益自身の考えが開陳されていて，それ自体興味深い。

　田崎博之「弥生土器の起源」　弥生文化成立に関する研究には，刻目突帯文土器～弥生前期土器の編年研究が不可欠であるとの立場から，95篇の論文を検討している。田崎の分析は詳細で，問題点を良くとらえている。田崎は，弥生土器の起源に対する考え方の違いは，板付I式土器が刻目突帯文土器から自己発展的に出てきたと解するのか，外来的要素を見出そうとするのかの違いであるとし，田崎自身は朝鮮の無文土器が弥生土器を生みだす母体ではないとしている。

　佐藤敏也「日本稲の系譜」　佐藤はイネの育種学的研究と考古学的研究の交流をたどりながら，日本稲の系譜論の展開過程を論じている。しかし「現存する野生イネから栽培イネへの変化を探るには，おのずと限界がある」というのであれば，日本のイネの祖形をヒマラヤや雲南に求めること自体意味がないように思える。むしろ，われわれが求めているのは「日本稲作の系譜」である。

　森岡秀人「高地性集落性格論」　高地性集落の存在とその機能について，初めて明確な問題提起をしたのは小野忠凞であったが，彼自身は間もなく考えを変えてしまった。しかし，彼の当初の考えは多くの人に受け継がれ，より深められて発展した。森岡の論文はこの間の事情を良く描いている。そして高地性集落については，存続時期の究明がその社会的意義を明らかにする鍵を握っていることと，出土遺物の分析に基づく高地性集落の性格の把握がなによりも必要であることも森岡の指摘の通りである。

　松井和幸「鉄生産の諸問題」　松井は蒔田鎗次郎の記念的論文以降の69篇の論文を挙げて，標記の問題に迫る。松井は弥生時代中期後半には鉄素材の生産が日本で始まったとする立場にあるようであるが，南部朝鮮で製鉄遺跡が見つかっていないのと同様に，日本でも弥生時代の大規模な製鉄遺跡は発見されていない。評者は魏志韓伝の記録を全く無視することは出来ないのではないかと考える。

　西谷正・宮井善朗「青銅製品の鋳造」　銅剣・銅矛・銅戈の鋳造問題について，51篇の論文を挙げて論じている。とくに青銅器鋳造開始期に関する，近畿の研究者と九州の研究者の間の大きな意見の違いが的確に描きだされている。最近の鋳型の出土状況を見ると，鋳造開始の時期が次第に古く遡りつつあるように思える。ともあれこの問題では，乙益も指摘しているところだが，「ヨコの編年」の確立が先決であることは否めないであろう。

　小田富士雄「銅鐸の年代と性格」　小田は関係文献57篇を挙げ，使用民族や型式分類，編年についての研究を回顧し，最後に鋳型や小銅鐸，原料，用途の問題を取り挙げた。小田は銅鐸の製作開始期を弥生中期初頭に考え，かつ近畿初現説にかたむいているようである。また九州の小銅鐸は，畿内と関係なく，九州で作られ，使用されたとする独自の見解を提示している。銅鐸の鋳型は今後も各地で発見されることであろう。問題の解決はしかく簡単ではない。

　後藤直「『漢委奴国王』金印研究論」　後藤は菅政友以降の51篇の文献を挙げて金印研究を回顧し，金印の発見地や読み方，真贋論などについての諸説を整理した上で，出土地は現在の比定地で良いとし，その読み方を「倭の奴国」とする説を是とした。また後藤は，金印が後漢王朝の外交政策の一環として下賜されたとしている。評者としては，なぜ志賀島から発見されたのか（出土地の性格も含めて），後藤の考えを聞きたかった。

　関俊彦「有角石器の所属時期と用途」　有角石器の所属時期問題が，発掘資料の積み重ねによって解決されてきた状況を良く描いている。またその用途の解明についても，資料の綿密な観察が必要であるとする関の意見は妥当なものである。ただ，「なぜ南関東を中心に分布しているのか」という問題の解明は，発想の転換を必要とするであろう。

　太田博太郎「弥生町貝塚の位置」　太田は「原住民」の一人としてかねてからこの問題に関心を持ってきたし，また，「弥生町」の地名保存に努めてきた。それだけに，彼の主張は説得力があるが，議論がやや一方的になりすぎた感がないでもない。泉下の佐藤達夫にも一言述べてもらいたい気がする。

　本書は『論争・学説　日本の考古学』シリーズの第1冊として出版された。本書に挙げられた多くの参考文献は，後学を裨益するところが多いと思われる。本シリーズの今後が一層期待される。

（田村晃一）

論文展望

選定委員（五十音順・敬称略）　石野博信　岩崎卓也　坂詰秀一　永峯光一

栗島義明

「渡来石器」考

旧石器考古学　32号
p. 11〜p. 31

縄文文化の起源を探る方法としては言うまでもなく土器・石器という各々の遺物を研究対象とする方向性がある。今回後者の方向性に則り，改めて「渡来石器」というものに焦点を当て，合わせて本ノ木論争に対する再検討を試みた。

まず，縄文草創期を論ずる場合に必ずや人口に膾炙する石器であった「渡来石器」というものが，一体どのような石器形態を指し示したものであったのか研究史的検討を行なうなかで再確認した。とくにその命名者でもある山内清男氏の業績を追うなかで植刃・断面三角形錐・矢柄研磨器・半月形石器という4石器形態が「渡来石器」という呼称の基に捉えられていたことが判明した。それは草創期にのみ限定された，型式変化のほとんどない極めて息の短いものであるという。しかしながら以後，草創期内での「渡来石器」の編年的位置づけやその分布に関しては全く触れられることがなかった。

今回の検討からは，これら「渡来石器」が各々独自の形態的要素を持ち，また植刃や矢柄研磨器に関しては一定の型式変化を有する可能性も指摘された。そして「渡来石器」4形態のすべてが隆起線文の最終末からその直後への時間的限定を厳密に有することも明らかとなった。これら「渡来石器」の石器組成への参列からも隆起線文と爪形文との一部併存が裏づけられるであろう。

「渡来石器」のこうした内容・性格から従来，土器・石器の共伴をめぐって展開された本ノ木論争も解決の糸口が提示されたものと思われる。すなわち植刃・半月形石器を石器組成に含む本ノ木遺跡は隆起線文直後の編年的位置づけが可能となってくる。そのことは裏返せば所謂本ノ木式土器の位置づけを暗示していようし，草創期土器型式変遷（爪形文→押圧縄文）に対する再考の必要性をも明示しているといえよう。（栗島義明）

谷口康浩

縄文時代「集石遺構」に関する試論

東京考古　4
p. 21〜p. 40

縄文時代の集石遺構（焼礫集積遺構）に関しては，すでに幾つかの研究論考があり，その機能・用途についてもさまざまな見解が唱道されてきた。中でも民族例に散見される earth-oven からの類推として，これを石蒸調理用の屋外炉とみなす見解に説得性があり，一般の賛同を得ている。しかし，夥しい事例を検討してみると，集石遺構の形態は実に多様であり，調理用施設の一種と一概に断定しえないものがある。たとえば，土坑・底石などの付随施設の有無や焼礫集積の規模と方法，用礫の被熱状態，燃焼痕跡の有無などの具体的様相は一様でなく，その機能性も一義的に捉えることはできない。本論文は関東・中部地方の193遺跡915例の集成からあらためて集石遺構の包括的分類を試み，機能性の問題を形態別に再検討したものである。

まず，最も包括的な分類として，施設としての集石，礫加熱施設に付随する集石，廃棄ブロックとしての集石を区別する必要があるがこのうち施設としての集石は，付随施設の有無や用礫集積の方法に見られる差違に基づいてさらに細かく類型化することが可能である。とくに調理施設としての集石に関しては，調理方法自体に充塡法・被覆法・集積法を基本とする3種7形態が識別され，それらに起因して多様な形態差が産み出されることを指摘しえた。また，その中にも繰り返し継続的に使用された日常性の強い一群と，特別な機会に際して供用された一回性の強い一群とが区別され，後者に該当する阿久遺跡の環状集石群などについては，とくに葬送儀礼に際して形式的炊爨の行なわれた可能性が考えられる。一方，調理以外の使途に成る集石遺構も少なくなく，中期には墓壙上を焼礫で覆った集石墓がある。集石遺構の研究はようやく緒に着いたばかりであり，その機能的形態を細かく弁別する視点からさらに体系的に取り組む必要があろう。（谷口康浩）

竹内尚武

銅鐸の重層構造的分布とその移動

古文化談叢　16集
p. 129〜p. 153

最近北九州地方で，古い時期の銅鐸鋳型に動物が彫られた出土事例を見るにつけ，銅鐸と原始絵画文との関わりに改めて関心がもたれる。原始絵画文は銅鐸のすべての段階にわたって見られるのではない。初・前・中・後の4期分類した場合，前期の後半から出現し始め，次の中期の第1段階で最も栄えるが，その後次第に衰え，後期に至って三遠式銅鐸で一時期退嬰的な姿で復活する他は姿を消す。

この原始絵画の世界は民俗学的にも興味深く，当時の思想的背景の表象と考えさせられるものがあるが，考古学的には，たとえば鳥

の描出法を取り上げても，北九州地方と朝鮮半島との，より直接的な関わり方と，一方近畿地方での，すでに"日本化"された独自の姿への脱皮を見ることができる。すなわち基底では銅鐸（ひいては青銅器）に対する共通した思想的基盤をもちながらも，地域地域で咀嚼化の違いのあることが知れる。そしてこれは時間と地域に置き換えて推移を辿ることができる。

①銅鐸は他の青銅器とともに北九州を中心とした地方に上陸し，ほとんど時間差なく近畿地方にまで齎された。②原始絵画文銅鐸は荒神谷5号鐸を境に福田型と伝香川県型の銅鐸分布圏とに成長し，勢力拮抗する（銅鐸の二眼レフ構造）。③"日本化"され，伝統型銅鐸となった伝香川県系統の銅鐸はその後逆輸出的に西方に分布圏を広げ，銅鐸にそれほど執着をもたない福田型銅鐸分布圏を呑食する。④福田型銅鐸分布圏は，その後銅剣・銅鉾文化圏への傾斜を強めていく。⑤伝統型銅鐸は東方へも重い足取りで拡大進出するが，原始絵画文銅鐸としては姿を消す。⑥しかし三遠式（東海型）銅鐸は一時期，先祖帰り的に原始絵画文銅鐸を復活させる。

かくして銅鐸文化圏は単純な平面構造をもって分布するのではなく，重層構造的に分布・移動する姿を見出すのである。（竹内尚武）

池 上 悟
地下式壙瞥見
立正史学　59号
p. 45〜p. 74

地下式壙あるいは地下式横穴（墓）などと呼ばれる遺構の機能は必ずしも衆目の一致しているものではない。未だ頑強にこれが機能をして，貯蔵庫と考える向きも多い。しかし，実際の遺構の立地・構造・遺物，および僅少ながらも人骨の検出などよりすれば，墓として掘削されたものが主体を成す事は明白である。この分布は関東を中心とし甲斐・信濃に及び東北・東海に至る地域と，離れて近江・九州に認められ際立った偏在性を示す。また，所産年代は従前13世紀の初源として，甲斐および九州の例が関東よりも古く位置づけられていた。しかしこの点は，その後の土器の編年研究に照らすと分布の中心たる関東における13世紀後半の初現，その後の地方への拡散と想定できるものである。また，この地下式壙は関東各地において，それぞれ特色ある様相を窺知することができる。また鎌倉地区に特有な"やぐら"は，ほぼ13世紀の前半の初源と考えられ，ともに14〜15世紀を盛期とするものである。即ち，構造的には関連性は乏しいものの，関東にあっては中心地と周辺とで武士を中心とする階層においては葬法を異にする状況が窺える。これらの葬法の現出の背景には仏教が考えられており，やぐらは律宗，地下式壙は最近禅宗との関係も想定されているものの一つの理解に留まる。地方における地下式壙の集中として留意できるのは北九州の例である。問題となるのは発現の契機であり，初源年代に近い時期の伝播とすると，所謂遷西御家人との関係が問題となる。筑前・豊前・豊後の分布は，有力御家人としての少弐・宇都宮・大友氏の所領とかなりの重複が認められ，肥後では小代氏との関連も考えられる。即ち，13世紀末に関東より下向・土着した御家人との関連で発現したものと考えられるものである。しかしこれは一つの理解であり，関連する他分野での分析を果たしていない。瞥見たる所以である。

（池上　悟）

小 林 克
平安時代火葬墓の
性格とその背景
史叢　37号
p. 11〜p. 24

従来の火葬墓研究は，その埋葬形態，容器（骨蔵器）の分類や墓誌銘についての研究が中心であり，これを通して被葬者を考察するという方法がとられて来た。しかし，近年では面的な発掘調査において火葬墓が検出される事例が増加しており，その占地形態にある特長が存在する事がわかってきた。小論ではその占地形態を中心に考察を行なった。

南関東地方で火葬墓が検出された遺跡をみると，台地，もしくは丘陵の先端，斜面部に位置し，多数密集する事はなく，1基〜数基が散在的に存在するという特長を持つ事例が多い。このような占地形態は何らかの社会的，思想的状況に起因すると考えられる。

ここで平安時代の考古学的研究をみると，「離れ国分」，「小規模遺跡」などと言われている，山間，丘陵，台地上などに散在的に存在する住居址の性格が注目されている。この性格の一つとされる「農業民の開発」の実体としては，谷戸水田，または台地上での畑作が想定されている。ここで文献史学の近年の研究を踏まえるならば，この種の遺跡はその多くが，自立過程にある小規模経営農民による畑作的開発に伴うものと考えられる。10世紀後半には畑作は諸権力の収奪対象外であり，そこに小規模経営農民は富の蓄積の場を求めたのである。

火葬墓の占地形態は，このような小規模遺跡の占地形態と極めて類似しており，盛行する時期もほぼ同じである。ここで火葬墓の占地形態の特長から，律令・荘園的収奪の対象外であった畠作に富の蓄積の場を求めた小規模経営農民が，台地上を畠作開発の場所とし，そこに自分たちの墓を営む事により，開発した場所＝畠の占有権を主張するシンボルとした事が仮説として提示される。

（小林　克）

文献解題

岡本桂典編

◆山梨考古学論集I─野沢昌康先生頌寿記念論文集─　山梨県考古学協会刊　1986年4月　A5判　428頁

先土器時代の礫群の分布とその背景‥‥‥‥‥‥‥‥保坂康夫

北陸系土器研究序説─縄文時代中期前葉の編年対比を中心として─‥‥‥‥‥‥‥数野雅彦

縄文時代集落の継続性‥‥末木　健

曽利I式大渦巻把手成立の一要因─一の沢西遺跡五六号土壙出土土器を通して─‥‥‥‥長沢宏昌

清水天王山式土器について‥‥‥‥‥‥‥‥‥小野正文

山梨における縄文文化の伝統と消滅‥‥‥‥‥‥‥‥新津　健

甲府盆地における古墳出現期の土器様相‥‥‥‥‥‥中山誠二

甲府盆地に於ける前期古墳の動向について‥‥‥‥‥‥清水　博

大蔵経寺山無名墳の提起する問題‥‥‥‥‥‥‥‥‥坂本美夫

奈良時代における甲斐の土器編年─須恵器坏，土師器坏の推移─‥‥‥‥‥‥‥‥‥山下孝司

八ヶ岳南麓における平安集落の展開‥‥‥‥‥‥‥‥萩原三雄

古代甲斐国の郷配置の基礎的操作‥‥‥‥‥‥‥‥八巻与志夫

泥塔をめぐる一，二の視点について‥‥‥‥‥‥‥‥畑　大介

七覚山円楽寺の経筒と廻国納経‥‥‥‥‥‥‥‥‥‥田代　孝

文化財保護行政小考‥‥椎名慎太郎

◆サクシュコトニ川遺跡　北海道大学刊　1986年3月　A4判　本文編272頁　図版編336頁

札幌市北海道大学構内を流れるサクシュコトニ川と埋没河川（セロンベツ川）に囲まれた舌状微高地に位置する遺跡。検出された遺構は，第1文化層から9世紀後半と推定される焼土1とこれに伴う土師器・須恵器である。第2文化層からは，9世紀中葉の竪穴住居跡5軒・土壙6基・集石遺構7カ所・炭化物マウンド1・炭化物集

積139カ所が検出されている。遺物は土師器・須恵器・土製羽口・土製玉・石器・金属製品・骨製鏃先などである。また「夫」を刻した土師器片が検出されている。ほかにサケ科の魚骨片，ムギなどの栽培植物種子・炭化材も検出されている。集落南部の埋没河川より柵列遺構が検出され，木製鏃・金属製魚鈎鏃が伴って出土しており，魚類捕獲の柵列と考えられる。

◆標葉・榎内経塚群　双葉町埋蔵文化財調査報告　第3冊　福島県双葉町教育委員会刊　1986年6月　A5判　33頁

松倉経塚の異名で知られている榎内経塚群の保存整備調査報告。本経塚は標高68mの山頂に位置し，以前に盗掘により白磁が出土している。経塚は3基営まれたもので石室状施設を構築し，積石を用いたものと推定される。遺物は施釉陶器・須恵器系陶器・刀子などが検出されており，本経塚の造営は12世紀末に比定されている。

◆蝦夷塚古墳群発掘調査報告書　秋田県文化財調査報告書　第136集　秋田県埋蔵文化財センター刊　1986年3月　B5判　57頁

秋田県の南東部を北流して日本海に注ぐ雄物川の右岸自然堤防上の微高地に位置する古墳群。13基の古墳群のうち6基の古墳の調査。墳丘，主体部は削平されて失われており周堀のみ検出されている。ほかに土壙4基・溝跡3条・ピット状遺構が検出されている。本古墳群は8世紀中頃に営まれたものと推定されている。

◆北原遺跡─関越自動車道（新潟線）地域埋蔵文化財発掘調査報告書（KC-I）─群馬県群馬町教育委員会刊　1986年3月　A4判　本文編545頁　図版編214頁

群馬県の北西部，利根川の右岸八幡川の侵食崖上に立地する遺跡。検出された遺構は，縄文時代中期後半の土坑3基・集石であ

る。弥生時代の遺物として中期の土器が若干出土している。古墳時代の遺構として水田跡6,190m²が検出され，足跡も確認されている。8世紀後半から10世紀前半の遺構も多く検出され，竪穴住居跡100軒・掘立柱建築遺構17棟・溝12条・井戸3基・土坑54基などがある。I〜VI期の6時期にわたる変遷が想定されている。江戸時代の遺構として，溝・五輪塔，板碑を転用した石積遺構・墓坑25基が検出されている。

◆江戸─都立一橋高校地点発掘調査報告─都立一橋高校遺跡調査団刊　1985年8月　B5判　本文編647頁　図版編288頁

『江戸を掘る』で紹介された都立一橋高等高校校舎改築にともなう江戸の遺跡の報告。遺跡は，千代田区東神田1丁目の都立一橋高校敷地内に所在する。検出された遺構は，小屋・家屋基礎・土蔵造り基礎・井戸・下水道・流し場・穴蔵・枕木列・墓域石組と墓碑・墓壙・土壙・棺桶群・芥溜・墓石留・瓦留・炉跡・礎石・境界石などである。出土遺物も多く，陶磁器・瓦・石塔類・金属製品・木製品・漆椀・自然遺物・人骨などである。江戸時代の街並が検出されており，町屋・都市の復元に重要な資料を提供している。

◆小和田舘跡（小和田北遺跡）長坂町埋蔵文化財発掘調査報告　第3集　長坂町教育委員会刊　1986年3月　B5判　75頁

山梨県の北部，西衣川と鳩川に挟まれた尾根上に立地する遺跡。検出された遺構は，9世紀後半から10世紀の住居跡3軒，中世の竪穴遺構3基・掘立柱建物跡1棟・溝1条・集石遺構1基・集石土坑4基・地下式土壙2基・土坑48基・ピット51基である。遺物は土師器・須恵器・土師質土器・灰釉陶器・青磁・天目茶碗・石臼・石擂鉢・五輪塔などが出土してい

る。とくに 12〜14 世紀に想定される 5 号竪穴遺構から検出された金箔付銅製碗蓋は注目される。

◆**堺砲台跡発掘調査報告書** 大阪府埋蔵文化財協会調査報告書 第 4 輯 大阪府埋蔵文化財協会刊 1986 年 3 月 Ｂ 5 判 30 頁

江戸時代末期に堺の旧堺港大波止に構築された台場跡の調査報告。調査の対象となったのは台場北東隅部分である。調査された部分の石垣は、南台場構築時の遺構ではないが当初の構築状況は推定できるものである。台場北側の外堀の存在も確認されている。検出された遺物は江戸時代後期から明治時代にかけての陶磁器片が出土している。明治維新前夜の社会状勢を知る資料として評価される。

◆**西遺跡** 山口市埋蔵文化財調査報告 第21集 山口市教育委員会刊 1986 年 3 月 Ｂ 5 判 175 頁

山口県のほぼ中央部、山口盆地の南東縁部、椹野川左岸の沖積低地に展開する縄文時代晩期から古墳時代後期にかけての複合遺跡。検出された遺構は、縄文時代晩期後半から弥生時代前期末頃まで機能していたと考えられる旧河川跡 1 条、縄文時代晩期に比定されるピット群。また、弥生時代前期末から後期末に比定される住居跡 3 軒、弥生時代前期末から中期前半に比定される土壙30基、ほかに溝12条、古墳時代の住居跡18軒・建物跡18棟・土壙13基・溝 7 条である。住居跡は 5 世紀前半から 7 世紀前半に比定されるものがあり、建物跡は 5 世紀後半、6 世紀末から 7 世紀前半に比定できる。出土遺物は多量の土器群のほか、滑石製模造品・ミニチュア土器・勾玉などがあり、祭祀関係の遺物も多く含まれる。

◆**土佐国衙跡発掘調査報告書** 第 6 集――一ノ坪・鍛治給・松ノ下地区の調査 高知県教育委員会刊 1961 年 3 月 Ｂ 5 判 82頁

高知県のほぼ中央部、国分川の右岸に位置する遺跡。一ノ坪で検出された遺構は、8 〜 9 世紀、中世の竪穴住居跡 1 軒・竪穴状遺構

1 基・掘立柱建物跡 5 棟・塀 5 列・土坑 6 基・溝状遺構 3 条及び柱穴と推定されるピット群である。鍛治給地区では、掘立柱建物跡 1 棟・ピット群、松ノ下地区では 8 〜 9 世紀、中世の竪穴住居跡 1 棟・掘立柱建物跡 5 棟・竪穴状遺構 2 基・土坑 4 基・溝状遺構 3 基などである。鍛治給では、従来未検出の規模の柱穴群が検出され、掘立柱建物跡は 8 世紀中葉に比定できるものである。

◆**紀要** Ⅵ 岩手県文化振興事業団埋蔵文化財センター 1986年 2 月 Ｂ 5 判 81頁
「瘤付土器」から「晩期前葉」までの土器文様の変遷過程
　　　　　　　　……田鎖壽夫
手代森遺跡出土の動物形土製品
　　　　　　　……佐々木清文
原始・古代の信仰と遺跡―配石遺構・胆沢城・志波城・徳丹城―
　　　　　　　……名須川溢男

◆**考古学雑誌** 第71巻第 3 号 日本考古学会 1986 年 3 月 Ｂ 5 判 118 頁
島根県荒神谷遺跡の調査―銅鐸・銅矛埋納遺構について―
　　　……宮沢明久・柳浦俊一
千葉県吉原三王遺跡の墨書土器
　栗田則久・石田広美・平川 南
樺太先史土器管見（Ⅱ）
　　　　　　　　……山浦 清
呉・晋（西晋）墓出土の神亭壺―系譜および類型を中心に―
　　　　　　　……長谷川道隆

◆**考古学雑誌** 第 71 巻第 4 号 1986 年 3 月 Ｂ 5 判 126 頁
北海道後期旧石器時代における石器製作技術構造の変遷に関する予察……………山田晃弘
中部・南関東地域における縄文集落の変遷…………鈴木保彦
馬具副葬古墳と東国舎人騎兵―考古資料と文献資料による総合的分析の試み―………岡安光彦
テラ・アマタ遺跡における剥片石器の分析…………竹岡俊樹
新潟県関川村荒川台遺跡の細石刃核……阿部朝衞・高橋春栄
青森県大石平（1）遺跡出土の「手形付土版」・「足形付土版」

　　　　　　　……遠藤正夫

◆**東京考古** 第 4 号 東京考古談話会 1986 年 4 月 Ｂ 5 判 162 頁
武蔵野台地におけるⅥ〜Ⅸ層の石器群の一考察
　　　……角張淳一・藤波啓容
縄文時代「集石遺構」に関する試論―関東・中部地方における早・前・中期の事例を中心として―………谷口康浩
縄文時代の集落構造解明へのアプローチ………藤野修一
「分銅形」打製石斧の系譜（覚書）
　　　……小薬一夫・小島正裕
山梨県大月市法雲寺弥陀三尊迅来迎板碑について………持田友宏
鵜ノ木光明寺所蔵板碑の蓮座の分類と変遷について……新倉明彦
五日市町留原遺跡出土の大珠
　　　　　　　……森田安彦
武蔵国府関連遺跡内における古墳時代前期の集落について
　　　　　　　……荒井健治
古代から中世…………福田健司

◆**うつわ** 第 1 号 國学院大學第Ⅱ部考古学研究会 1986 年 3 月 Ｂ 5 判 89頁
関東・東北における装飾古墳＜講演＞…………乙益重隆
縄文時代の貝塚について＜講演＞
　　　　　　　……山崎京美
有透穴器台出土地名表―関東地方における古墳出現期の基礎的研究（1）―………諸墨知義
沖縄諸島における沖縄貝塚時代後期土器編年についての覚え書き
　　　　　　　……古後憲浩
考古学より見た台湾………宋文薫
　　　益子敏之・古後憲浩訳

◆**史叢** 第37号 日本大学文理学部内日本大学史学会 1986 年 6 月 Ａ 5 判 113 頁
平安時代火葬墓の性格とその背景
　　　　　　　……小林 克

◆**立正史学** 第59号 立正大学史学会 1986 年 3 月 Ａ 5 判 124 頁
地下式壙瘞見………池上 悟
土佐十和村の墓標について
　　　　　　　……岡本桂典

◆**法政史学** 第38号 法政大学史

学会　1986年3月　A5判　120頁

縄文時代の縦長剥片生産技術
　　　　　　　　　　……阿部朝衛

◆**法政史論**　第13号　法政大学大学院日本史学会　1986年3月　A5判　73頁

東北地方における穿孔土器の様相
　　　　　　　　　　……石川隆司

東北地方南部の古墳時代前期高坏に関する一視点─中実柱状部を持つ脚部形態について─
　　　　　　　　　　……高橋　和

◆**茨城県立歴史館報**　第13号　茨城県立歴史館　1986年3月　B5判　94頁

茨城県縄文中期集落の変遷（一）─竜ヶ崎ニュータウン内遺跡を中心として─……瓦吹　堅

◆**福井考古学会会誌**　第4号　福井考古学会　1986年3月　B5判　45頁

竜ケ岡古墳出土石棺の製作技法について─石工技術復元のための試論─……白崎　卓
「常安式」雑感　……木下哲夫
勝山市村岡町竜波太郎ケ吉採集の縄文時代遺物について
　　　　　　　　　　……工藤俊樹
清水町の古墳群分布調査報告
　　　　　　　　　　……内田建一

◆**古代文化**　第38巻第4号　古代学協会　1986年4月　B5判　50頁

ヨーロッパ先史考古学の新しい試み—Timothy Champion, Clive Gamble, Stephen Shennan and Alasdair Whittle, Prehistoric Europe を読んで—……山中一郎

◆**古代文化**　第38巻第5号　1986年5月　B5判　46頁

呉越の副葬陶器………飯島武次

◆**古代文化**　第38巻第6号　1986年6月　B5判　48頁

古式鐙考……………申敬澈

◆**古代を考える**　第41号　古代を考える会　1986年4月　B5判　89頁

磐田原古墳群の検討
磐田原古墳群の形成について
　　　　　　　　　　……柴田　実
地域と王権─5，6世紀駿遠地域

史の構想─………原秀三郎

◆**古代を考える**　第42号　1986年6月　B5判　66頁

飛鳥古京の検討
飛鳥の地理小考……千田　稔
明日香村岡の宮殿跡……亀田　博
飛鳥の諸宮と空間………和田　萃

◆**旧石器考古学**　第32号　旧石器文化談話会　1986年4月　B5判　132頁

先史学の方法と理論─渡辺仁著『ヒトはなぜ立ちあがったか』を読む（1）……安斎正人
「渡来石器」考─本ノ木論争をめぐる諸問題─……栗島義明
剥片尖頭器に関する一考察
　　　　　　　　　　……稲原昭嘉
長崎県百花台東遺跡第3次発掘調査概報……百花台遺跡発掘調査団
韓国の中部および上部更新世の古環境…………孫宝基
　　　　　　金子浩昌・中山清隆訳
イラク・タールジャマル第1地点出土資料の剥片剥離技法から
　　　………矢島俊雄・出居　博
ヴェトナムの旧石器時代
　…チャン・クォック・ブオン
　　　　　　　　　　菊地誠一訳
二上山北麓における縦長剥片石核の新資料………有本雅己
長崎県多良見町木床遺跡出土のナイフ形石器………中川和哉
矢出川遺跡における船野系の細石刃文化資料について…堤　隆
奈良県三輪山麓採集の有舌尖頭器
　　　………関川尚功・佐藤良二

◆**鳥取県博物館研究報告**　第22号　鳥取県立博物館　1985年3月　B5判　37頁

円筒埴輪の地域性─館蔵円筒埴輪を中心に─……寺西健一

◆**香川史学**　第15号　香川歴史学会　1986年6月　A5判　97頁

彼の宗遺跡の発掘調査とその問題点……………笹川龍一
綾南町陶窯跡群採集の須恵器（二）
　　　………田村久雄・渡部明夫

◆**古文化談叢**　第16集　九州古文化研究会　1986年3月　B5判　276頁

初期須恵器の地域相〔II〕
北九州市内の古式須恵器

　……………宇野慎敏
北九州市域出土古式須恵器の蛍光X線分析……三辻利一・杉　直樹
北九州の初期須恵器の胎土分析
　　　　………三辻利一・杉　直樹
豊前国北部（行橋市・京都郡）出土の初期須恵器………長嶺正秀
嘉穂地方の陶質土器・古式須恵器資料〔1〕…………嶋田光一
安芸・備後の須恵器〔II〕─広島市池の内古墳群─……新谷武夫
岡山県の初期須恵器について
　　　　　　　　　　……島崎　東
初期須恵器の新例………竹谷俊夫
埼玉県熊谷市・鎧塚古墳出土の須恵器……………寺社下博
所謂「瓦質土器」について─原三国考古学上の新問題─
　　　　………金元龍・武末純一訳
銅鐸の重層構造的分布とその移動─原始絵画文銅鐸を中心として
　　　　　　　　　　……竹内尚武
北九州市長行の郷屋古墳─田頭喬考古資料整理報告2─
　　　　　………山中英彦・田頭　喬
郷屋古墳（C地点）3号石棺出土の古墳時代人骨………土肥直美
　　　　　　田中良之・永井昌文
福岡県・穴ケ葉山古墳の線刻壁画
　　　　　　　　　　……小田富士雄
九州経塚資料拾遺・I
　　　　　　　　　　……小田富士雄
日韓火葬墓の出現─扶餘と九州─
　　　　　　　　　　……小田富士雄
匈奴民族オルドス地区起源説の再検討…………雷従雲・楊　陽
　　　　　　菅谷文則・玉城一枝訳

◆**鹿児島考古**　第20号　鹿児島県考古学会　1986年6月　B5判　121頁

第1特集　鹿児島県考古学の問題点
総説…………………河口貞徳
旧石器時代…………牛之浜修
縄文時代……………本田道輝
弥生時代……………中村耕治
古墳時代……………戸崎勝洋
歴史時代……………池畑耕一
南西諸島……………上村俊雄
周辺科学との関連………新東晃一
第2特集　鹿児島県考古学の歩み……………河口貞徳ほか

学界動向

「季刊 考古学」編集部編

九州地方

奄美にも弥生文化の痕跡 新奄美空港の建設に伴い，鹿児島県教育委員会が行なっている長浜金久第Ⅳ遺跡（大島郡笠利町和野）の調査で，弥生時代中期末から後期に相当する土器片や貝製品などが多数出土した。とくに旧砂丘の第5層上部から出土した貝鏃は長さ6cm，幅3cmで，夜光貝製。本土で使われていた磨製石鏃に似せて作られたものとみられる。このほか貝製品としてはゴホウラ製の貝輪片や板状の装飾品（3cm×4.5cm）があった。また山ノ口式土器をアレンジしたとみられる土器片も多数出土，奄美諸島にも弥生文化が浸透・定着していたことを示すものと注目されている。

江田船山古墳から造出部 熊本県立風土記の丘の建設を進めている熊本県教育委員会は玉名郡菊水町にある国指定史跡・江田船山古墳（前方後円墳）の全容解明のための発掘調査を行なっていたが，造出部2ヵ所が初めて発見された。この造出部は古墳東側が長さ8m，幅5m，西側が長さ8m，幅3mで，これまで地下に隠れていたため確認されないでいた。出土遺物としては5世紀後半の壺や高坏，小玉・管玉などの玉115点（ほとんどはガラス製でメノウ製もわずかに含む）や鉄鏃などの鉄製品53点が出土した。

銅矛と銅戈がセットで出土 福岡県教育委員会が発掘調査を進めている福岡県浮羽郡浮羽町山北字日永の日永遺跡で，弥生時代後期後半〜古墳時代初頭とみられる広形銅矛と広形銅戈が1本ずつセットでわが国で初めて発掘調査によって出土した。これらは微高地縁辺の長さ110cm，幅25cmの長楕円形土壙から発見された。鋒部を北東に向け，刃部を立てて木箱に入れていたらしい。銅矛は長さ89cm，刃部最大幅11cm，銅戈は長さ44cm，身幅9〜11cm。銅戈の完型はわが国初出で，青銅祭器が集落全体の祭祀品として五穀豊穣を祈るため地霊をまつる材料に使用されたことは間違いない。古代のまつりを集落との係わりで，明確に把握できる資料として貴重な発見だろう。

弥生後期の集落跡 北九州市教育委員会が発掘調査を進めている市内小倉南区山本の岡遺跡で，弥生時代後期から終末期にかけての集落跡が発見された。住居跡は計6軒で，それぞれ一辺6.8mの正方形。保存状態がよく，炭化した木の柱も確認された。幼児用の甕棺2基のほか，遺物としては石包丁約20点，広形銅矛の破片1点，鉇（長さ10cm），刀子などのほか，数百点の土器片がみつかった。広形銅矛は長さ21cm，幅6cmで，復原した長さは90cm，幅は最大12〜13cm程度とみられ，長崎県の塔ノ首遺跡出土品に似ている。

中国地方

縄文晩期後半の水田跡 岡山市津島東所在の津島江道（えどう）（岡北中）遺跡にて発掘調査を進めていた岡山市教育委員会は，浄化槽設置予定地（約300m²）の地表下約2mから洪水砂で被覆された水田跡を検出した。しかも，洪水砂・耕土から突帯文土器だけが出土し，最古期の水田跡と判明した。水田は畦畔（幅30cm，高さ8cmほど）で縦横に区切られ，推定12区画以上の存在を想定させる。一区画の形状・大きさは微地形に影響され一定していないが，およそ11m²強（4.5×2.5m）の矩形を呈し，水口もみられる。土器は深鉢が多く，浅鉢・椀の各器形もみられる。北部九州の「夜臼Ⅰ式」との併行が想定されている。他に打製石鍬（堆積岩）1点も出土している。この時期の，しかも整然と区画された水田が北部九州以外で確認されたことは，初期水稲農業の実態および普及状況の解明に貴重な資料を提供するとみられる。

近畿地方

辰馬考古資料館にも景初4年鏡 兵庫県西宮市の(財)辰馬考古資料館（高井悌三郎館長）が収蔵している銅鏡の中に，先に福知山市の広峯15号墳から出土した鏡と同じ「景初四年」の銘文が刻まれた盤龍鏡があることが明らかになった。この2面は同笵鏡で，広峯15号墳でははっきりしなかった銘文の2文字も「孫寿」の左文字であることがわかった。この鏡は昭和55年に亡くなった辰馬悦蔵氏が入手したものだが，鏡の出土地や入手経路などは全くわかっていない。

室町〜戦国期の地震跡 川西市栄根2丁目の栄根遺跡で川西市教育委員会による発掘調査が行なわれ，室町時代から戦国時代へかけての地震跡が発見された。この地震跡は3ヵ所のトレンチからみつかったもので，地表下20cmの地層の南側が隆起，北側が沈降して約20cmほどのずれた断層が生じている。京都大学阿武山地震観測所の梅田康弘氏の調査によると，こうした断層が生じるのはM6.5から7に近い規模で，しかも直下型地震に限られるという。地震によってずれた地層のうち，最上部からは14〜15世紀の土師器・須恵器片が出土していることから室町か戦国時代ごろの地震とみられている。文献史料によると，1579年に大坂でM6.2，1596年に京都・伏見でM7.25の地震があったが，今回発見された地震は直下型であることから，これらの地震とは別の可能性もある。

畿内から小銅鐸 大阪府教育委

員会が発掘調査を進めている南河内郡河南町の寛弘寺遺跡において畿内で初めての小銅鐸が発見された。この小銅鐸は弥生時代後期に属し、高さ6cm。底部の長径4cm、短径3.2cmで、底部近くの内側に凸帯が巡っているだけで、表面に文様はない。また鈕を欠いている。同遺跡は標高約100mの河内平野の南部に広がる丘陵尾根上にあり、小銅鐸は弥生時代後期の円形竪穴住居跡（直径10.5cm）内から出土した。

「舩」の墨書土器　大阪府松原市教育委員会が発掘を進めている松原市津堂町の大津道周辺遺跡で、奈良時代中期ごろの井戸の中から発見された須恵器坏蓋の内側に「舩」と墨書されているのがみつかった。現場は河内平野を東西に走る大津道の一角で、この東南約2.5kmには渡来系氏族・船氏の氏寺とされる野中寺がある。同遺跡からは掘立柱建物跡があったとみられる柱跡5ヵ所と井戸2基、須恵器や土師器の破片約500点のほか銙帯、万年通宝などが出土した。墨書土器が出土した井戸は上部がラッパ状に開いており深さは約3m。「舩」の文字は柏原市でみつかった「船王後墓誌」の同文字と書風のよく似た楷書体であり、この須恵器は船氏一族に関連する祭祀遺物とみられている。

周溝墓に幅広い陸橋　岸和田市下池田町の下池田遺跡で岸和田市教育委員会による発掘調査が行なわれ、幅2～3mの溝（深さ50～11cm）をめぐらした直径18mの円形周溝墓が発見された。この南東部分には間口3.5mの陸橋がついており、前方後円墳の方形部によく似ていることから、前方後円墳の起源を解明する手がかりになるのではないかとみられている。朱色を塗り、小孔を穿った供献用壺の出土などから、1世紀末から2

世紀初めごろに比定されている。またさる51年に現場の東20m付近を調査した際にも、直径10m余の同じような遺構3基が発見されたが、未解明に終っている。

豊臣時代の付札木簡　大阪市東区道修町にある第一製薬大阪支店のビル建て替え地から、豊臣時代の魚介類の付札とみられる大量の木簡や埋甕などがみつかり、大阪市教育委員会が調査を行なった。遺物は大坂夏の陣（1615年）ごろとみられる焼土層の下からみつかったもので、木簡300点余や木製品、高さ1.2mの備前焼大型甕12点、鋳造工房とみられる炉跡や坩堝・鋳型の破片など。木簡のうち1点は長さ約14cm、幅2.4cmで「吉あち五一入」と書かれていた。鯵が51匹入っていることを示す付札とみられている。また他の木簡にも「上」「ト」など屋号とみられる文字や、「鯖」「ひらめ」「ちぬ」「こち」など魚の名前ばかりあり、また魚の鱗も出土したことから、魚市場があった場所ではないかとみられている。

藤原京はさらに広がる可能性　桜井市教育委員会が発掘を進めている、市内西之宮字黒田の大福遺跡で、藤原京の条坊に沿った溝を伴う道路遺構や建物跡、井戸などが発見された。道路遺構は幅6.9～7.1mで、両側にそれぞれ幅1.35m、深さ30cmの側溝があり、道路幅はこれまでの調査ですでに明らかになった三条大路と同じ大路だった。藤原京については東西2.1km、南北3.2kmの京域に、十二条八坊あったとされているが、今回発見された道路遺構は、東京極とされている中ツ道よりちょうど一坊分（約266m）東を、南北に走る道路であり、さらにこのほか5ヵ所で、京域外の同規模の道路遺構が発見されていることなどから、藤原京は現在の定

説よりさらに広い範囲に想定され、秋山日出雄氏の「大藤原京」説を補強する資料となるだろう。

丸塚古墳は帆立貝式　城陽市教育委員会は市内平川車塚の丸塚古墳を発掘調査していたが、このほど帆立貝式古墳であることがわかった。今回行なわれた第4次調査では埴輪列や周濠跡、葺石3ヵ所のほか、くびれ部1ヵ所が確認されたことから帆立貝式古墳と判明したもの。後円部（3段式、直径61m、高さ9.8m）と前方部（長さ20m、幅34m、高さ1.9m）を含めた全長は81mで、周濠幅は16.5m。なお同墳の年代は60年度までの調査で、5世紀前半とされている。

弥生後期の高地性集落　（財）長岡京市埋蔵文化財センターが発掘調査していた同市長法寺の丘陵地（谷山遺跡）で、弥生時代後期の高地性集落が発見された。現場は西山丘陵から東にのびる標高75mの尾根上で、京都・南山城一帯を一望できる場所。約2,700m²の調査地内から竪穴住居跡7軒、高床倉庫とみられる掘立柱建物1棟、土壙1基が発見された。住居跡は直径10mの円形、五角形、隅丸方形と各種ある。また遺物には板状鉄斧（長さ12cm）、鉄製の鋤先（9×4cm）、砥石をはじめ、ミニチュア土器、土笛状土製品（長さ6cm）などが含まれていた。遺構の保存状態がよく、住居の大半が焼失しているのは興味深い。

福知山市から景初4年鏡　福知山市教育委員会が発掘調査を行なっていた市内天田の広峯古墳群15号墳から景初4年（240）の銘文をもつ盤龍鏡が出土した。古墳は標高53mの丘陵の最頂部にあって全長40m（推定）の前方後円墳。4世紀後半ごろの築造とみられている。主体部は木棺直葬で、幅5mの大きさ、内側を階段状に3段

105

学界動向

に掘り込んだ墓壙で，中央の組合せ式木棺には水銀朱が施されていた。被葬者の頭部の位置から鏡のほか，槍，剣，鉄斧各1点と数点の玉類が出土した。盤龍鏡は直径17cmの青銅製で，「最初四年五月丙午之日　𥝱是作鏡　吏人詺之位至三公　母人詺之保子宜孫寿如金石今」の35文字が刻まれていた。鏡面に残っていた布目痕から絹布に包まれていたらしい。景初は4年1月で正始に改元されるがなおも景初の年号を使っている点や，作者名の陳が左文字である点などは，中国製か日本製かの問題とともに注目される点である。

7世紀中葉の集落跡　滋賀県犬上郡甲良町下之郷の下之郷遺跡で7世紀中ごろの集落跡が発見され，滋賀県文化財保護協会が発掘調査を行なった。遺跡は南北500m，東西300mの範囲で，住居跡は南北方位を意識して建てられており，大津京時代に造られた集落とみられる。住居はいずれも一辺5m前後の竪穴住居で，四本柱の方形プランを呈し，北壁か東壁の中央部に造り付けカマドを設けた跡がある。また集落のほぼ中央からは一辺9.2mの大型住居跡1軒が検出された。東壁の中央部に幅2m，奥行1.2m，高さ60cmの大きなカマドを据え付けた跡があったほか，別に移動式カマド土器も発見された。これまでに約60軒の住居跡が発見されたが，規模からみて200軒近くはあったとみられる。しかしこの集落は8世紀末ごろ洪水にあい，廃棄されたらしい。

人形や斎串を大量に発見　松阪市深長町の堀坂川沿岸は場整備事業に伴う杉垣内（すがいと）遺跡の発掘調査が三重県教育委員会によって行なわれ，弥生時代から室町時代にかけての複合遺跡であることがわかったほか，人形や斎串

など多くの祭祀遺物が発見された。現場は堀坂川などによって形成された複合扇状地の扇端部の最も低い場所で，主な遺構は古墳時代後期の竪穴住居跡11棟，奈良時代後期の井戸1基，平安時代前期の竪穴住居跡2棟・掘立柱建物跡1棟・井戸2基・土壙4基・旧河道など。旧河道からは斎串約130点や刀形・馬形（鳥形？）などの木製品や土馬・ミニチュア土器などが出土，同河道の西側に隣接して検出された井戸は直径2.7〜3m，深さ約2mで，底には曲物が埋設されていた。出土遺物には斎串（長さ平均約20cm）9点のほか，人形が3点（長さ11.5cm，8cmの2点と斎串転用の1点）や土師器類があった。

─────────── 中部地方

縄文から弥生期への土器　岐阜県教育委員会はダム建設で水没する揖斐郡徳山村戸入のはいづめ遺跡を発掘調査していたが，先ごろ61年度分の調査を終了した。その結果，縄文時代晩期の土器片約5,600点，石刀・石鏃などの石器約70点，土錘1点などがみつかったが，中でも注目されたのは条痕文土器や凸帯文土器などに混じって遠賀川系の土器片数十点がみつかったこと。これらの破片から高さ37.5cmの甕1点が復元された。揖斐川水系ではこれまで縄文時代晩期の遺跡が確認されていなかっただけに，これまでの空白を埋める遺跡として注目されている。

─────────── 関東地方

大塚山古墳から円筒埴輪　利根川下流域では最大規模の前方後円墳・大塚山古墳（千葉県香取郡小見川町三之分目）で小見川町教育委員会・明治大学考古学研究室による発掘調査が行なわれ，円筒埴

輪列のほか，幅約20mの周濠も部分的に確認された。同古墳は全長約120mで，後円部径約60m，高さ13m，前方部幅約70m，高さ約11m。長持形石棺の存在が推定されるところから，5世紀後半から6世紀初めにかけて築造されたとみられている。円筒埴輪は底部径20cm，高さ約80cmで，墳丘を3段にめぐるものと思われる。なお，調査は古墳の整備事業にともない基礎的な資料をうるためのものである。

堀をめぐらす古墳時代の住居跡　県営ほ場整備事業の関連で群馬県教育委員会により実施されている前橋市泉沢町の丸山遺跡で，5世紀後半のものと推定される周囲を30m四方の堀で囲まれた竪穴住居跡群がみつかった。堀は幅2m前後，深さ1m余りで，内側1mに2m間隔の柵列がめぐる。内区には6軒の竪穴住居が配されている。この住居は，堀の走向と主軸方位が合致することから同時期のものとみられる。出土遺物は住居跡内および堀から若干出土するが，特殊な遺物はない。時期的には5世紀後半ごろのものとみられ，短期間機能していたとみられる。周辺に同時期の集落がひろがり，それを見すえる高台にある遺跡で，三ツ寺Ⅰ遺跡の豪族居館より小規模である。

紡錘車に「物部」の文字　関越自動車道・上越線建設に伴う群馬県埋蔵文化財調査センターの発掘調査が行なわれている多野郡吉井町の矢田遺跡は，インター建設予定地で，約8万m²が対象地である。古墳時代から奈良・平安時代にかけての遺構群がつぎつぎと検出されているが，うち1軒の住居跡から「物部郷長」と刻まれた紡錘車が出土した。紡錘車の大きさは最大径約3cm，厚さ1cm弱で，文字は側面に刻まれている。矢田

遺跡のある地域は8世紀初めに建置された多胡郡内にあり，多胡碑を初め渡来人との係わりの強い土地だが，この地から物部氏の勢力を物語る資料が出土したことは興味深い。

────────東北地方

加美郡衙跡？ 宮城県加美郡宮崎町鳥島の東山遺跡で宮城県多賀城跡調査研究所による発掘調査が行なわれ，この遺跡が奈良時代から平安時代初めの古代「賀美郡」の郡衙跡である可能性が強まった。遺跡は標高約80mの台地上にあり，規模は東西200m，南北300mほどである。これまで表面採集によって円面硯，多賀城創建期の瓦，須恵器などが発見されているが，本格的な調査は今回が初めて。その結果，礎石建物跡3棟，掘立柱建物跡6棟，竪穴住居跡5軒，大規模な区画溝など，いずれも8世紀前半から10世紀前半にかけての遺構が発見された。礎石建物跡は総柱で，雨落ち溝からは焼土や木炭とともに多量の焼け米や炭化した萱が検出されたことから，高床式で萱葺きの正倉とみられ，火災によって廃絶したものと推定されている。礎石建物跡と掘立柱建物跡は重複しており，今回の調査区域では掘立柱建物群（実務官衙域）→礎石倉庫群（倉庫院）→掘立柱建物群（実務官衙域）という変遷がみられた。

平安期の猿面硯 岩手県紫波郡矢巾町東徳田の渋川遺跡で矢巾町教育委員会による発掘調査が行なわれ，奈良時代の竪穴住居跡37軒，平安時代29軒，時代不明9軒の計75軒が検出されたが，平安時代の住居跡内の土壙からは猿面硯もみつかった。須恵器のカメか壺の一部を転用したもので，12.5cm×17cmの大きさ。2つに割れているが，欠損部分はない。表面

には墨を摺った跡も残っていた。同遺跡の北西約1kmには徳丹城跡が存在することから，その影響が考えられる。

奈良時代の住居跡14軒 八戸市教育委員会が発掘調査を進めている八戸市田面木字田面木平の田面木平（たものぎたい）遺跡で17軒の住居跡がみつかった。内訳は縄文時代1軒，弥生時代2軒と残りの14軒は奈良時代で，すべて焼失していた。柱や腰板も焼けたままの状態でみつかり，また不意の火災だったらしく，土器などの生活用具も使用されたままの状態だった。これらの住居跡が一度に火災に遭ったものかどうかは不明であるが時代的には蝦夷征伐の時期と一致しており，その可能性も考えられる。

────────北海道地方

縄文人の頭骨 道路新設工事に伴って富良野市教育委員会が発掘調査を進めていた市内桂木町の無頭川遺跡で縄文時代晩期末の人間の頭骨が発見された。同遺跡は縄文時代中期から続縄文時代にかけての時期で，この地方で知られなかった余市式，入江式土器などを含む土器片，石器，副葬品などのほか，縄文晩期末の特徴的なスクレイパー約300点など計10万点を越す遺物が出土した。また墳墓37基が発見され，うち4基から人骨片が出土したが，このうち1基からは成人の頭骨がみつかった。下顎部が欠け，全体に押しつぶされているが，ほぼ完全な形に復元できそうで，今後札幌医科大学で詳しく調査される。

────────学会・研究会

日本考古学協会昭和61年度大会
10月18日〜20日，青森県八戸市公会堂ホールを会場に開催された。第1日目と2日目は講演会と

研究発表，3日目は八戸市歴史民俗資料館，青森県立郷土館，是川中居遺跡，田舎館遺跡，史跡根城跡，浪岡城跡などの見学会が行なわれた。

＜講　演＞
東日本の縄文文化……江坂輝彌
縄紋／弥生─東北地方における遠賀川系土器の分布の意味するもの………………………佐原　真

＜シンポジウム＞
縄文晩期から弥生時代に関する諸問題
（司会　鈴木公雄・工楽善通）
北海道における縄文晩期から続縄文文化への変遷………大沼忠春
青森県における縄文晩期から弥生への変遷………………鈴木克彦
東日本における縄文晩期から弥生時代に関する諸問題…須藤　隆
山形県における亀ヶ岡文化の変容と弥生文化…………佐藤庄一
関東地方における弥生文化成立期をめぐる諸問題………神沢勇一
北陸地方における縄文・弥生移行期に関する諸問題……橋本澄夫
縄文晩期から弥生時代─西日本における研究の現状と課題─
………………………泉　拓良
なお，昭和62年度総会は5月3日〜4日の2日間，千葉市の千葉大学において開かれる予定。第1日目は総会，第2日目は研究発表会となる。

■第19号予告■

特集　弥生土器は語る

1987 年 4 月 25 日発売
総 108 頁　　1,500 円

弥生土器とその世界………………………工楽善通
弥生土器の誕生と変貌
　　縄文土器から弥生土器へ…………家根祥多
　　遠賀川・砂沢・水神平……………工楽善通
　　人が動き土器も動く………………清水芳裕
　　弥生土器から土師器へ……………清水真一
土器の形と用途
　　形と用途……………………………外山和夫
　　土器と木器…………………………岩永省三
弥生土器の文様と造形
　　西日本の文様………………………藤田憲司
　　東日本の文様………………………芳賀英一
　　弥生土器の絵………………………橋本裕行
　　人面土器……………………………石川日出志

＜コラム＞
縄文土器から弥生土器をみる……林　謙作
カメ棺は語る………………………柳田康雄
世界の中の弥生土器………………佐原　真
続縄文土器………………菊池徹夫・及川研一郎
南島の弥生土器……………………岸本義彦

＜連載講座＞　日本旧石器時代史　5
　　　　　　　………………………岡村道雄
＜調査報告＞　長野市塩崎遺跡……矢口忠良
　　　　　　　神戸市玉津田中遺跡
　　　　　　　………………………深井明比古
＜書　　評＞　　＜論文展望＞
＜文献解題＞　　＜学界動向＞

編集室より

◆あけましておめでとうございます。18号をお届けします。本誌は季刊ですからはや4年の歳月を超えたことになります。皆様のご指導とご協力により，本号まで至ったことを何よりも喜びとします。本年は創業70周年の後半（創立記念日は5月12日）を迎えることにもなります。創業65周年で本誌発刊を企画して以来一貫して本誌の編集企画にあたった宮島君の努力に負うところ極めて大であり，その手腕を高く評価しています。今後とも何とぞご指導賜わり，さらによりよい飛躍の年にしたと思い

ます。倍旧の御指導を心よりお願い申し上げます。
（芳賀）

◆新年最初の18号には考古資料として出土した文字の特集をお送りする。最近，古墳出土の鏡鑑銘や鉄剣銘，各地出土の大量の木簡などの文字資料が新聞をにぎわせ，注目されている。墓誌のようにその人物の名前や没年，官位などがこと細かに記されたものがある一方で，土器に書かれたたった1文字が郡衙なりの所在を示す決め手になるのは面白い。この厖大な資料が整理されることによって時代の特色がうかび上がってくることを期待したい。
（宮島）

本号の編集協力者――坂詰秀一（立正大学教授）
1936年東京都生まれ，立正大学大学院修士課程修了。『歴史考古学の構想と展開』『歴史考古学研究ⅠⅡ』『日本歴史考古学を学ぶ』3巻，『板碑の総合研究』2巻，『日本考古学選集』25巻などの著書・共編著がある。

■ 本号の表紙 ■
熊野本宮経塚出土の陶製外筒
　文政8年（1825）の春に和歌山県の熊野本宮付近で保安2年（1121）の文を記した陶製の保護容器と，これに納められた銅製容器（仏像を内蔵）などが出土している。この発見については滝沢馬琴の『兎園小説』や熊野の『歳代記』にも記事があり，銘文の全文や容器の大きさなども知ることができる。表紙の遺物はこの時の発見品とは別のものと思われるが，筒身に文政8年発見の遺物と同文の箆書銘を記す陶製外筒で，総高が 40.1cm，口径は 38.4cm もあり，現存する経塚出土の経容器の中ではもっとも大きな遺物である。
（関　秀夫）
（東京国立博物館所蔵）

▶本誌直接購読のご案内◀

　『季刊考古学』は一般書店の店頭で販売しております。なるべくお近くの書店で予約購読なさることをおすすめしますが，とくに手に入りにくいときには当社へ直接お申し込み下さい。その場合，1年分 6,000 円（4冊，送料は当社負担）を郵便振替（東京3-1685）または現金書留にて，住所，氏名および『季刊考古学』第何号より第何号までと明記の上当社営業部までご送金下さい。

季刊 考古学　第18号　　1987年2月1日発行
ARCHAEOLOGY　QUARTERLY　　定価 1,500 円

編集人　芳賀章内
発行人　長坂一雄
印刷所　新日本印刷株式会社
発行所　雄山閣出版株式会社
　　　　〒102　東京都千代田区富士見 2-6-9
　　　　電話 03-262-3231　振替 東京 3-1685
◆本誌記事の無断転載は固くおことわりします。
ISBN 4-639-00626-8　printed in Japan

季刊 考古学　オンデマンド版　第 18 号	1987 年 2 月 1 日　初版発行
ARCHAEOROGY　QUARTERLY	2018 年 6 月 10 日　オンデマンド版発行

定価（本体 2,400 円 + 税）

編集人　　芳賀章内
発行人　　宮田哲男
印刷所　　石川特殊特急製本株式会社
発行所　　株式会社　雄山閣　http://www.yuzankaku.co.jp
　　　　　〒 102-0071　東京都千代田区富士見 2-6-9
　　　　　電話 03-3262-3231　FAX 03-3262-6938　振替　00130-5-1685

◆本誌記事の無断転載は固くおことわりします　　ISBN 978-4-639-13018-5　Printed in Japan

初期バックナンバー、待望の復刻!!
季刊 考古学 OD　創刊号～第 50 号〈第一期〉
全 50 冊セット定価（本体 120,000 円＋税）　セット ISBN：978-4-639-10532-9
各巻分売可　各巻定価（本体 2,400 円＋税）

号　数	刊行年	特　集　名	編　　者	ISBN（978-4-639-）
創刊号	1982 年 10 月	縄文人は何を食べたか	渡辺 誠	13001-7
第 2 号	1983 年 1 月	神々と仏を考古学する	坂詰 秀一	13002-4
第 3 号	1983 年 4 月	古墳の謎を解剖する	大塚 初重	13003-1
第 4 号	1983 年 7 月	日本旧石器人の生活と技術	加藤 晋平	13004-8
第 5 号	1983 年 10 月	装身の考古学	町田 章・春成秀爾	13005-5
第 6 号	1984 年 1 月	邪馬台国を考古学する	西谷 正	13006-2
第 7 号	1984 年 4 月	縄文人のムラとくらし	林 謙作	13007-9
第 8 号	1984 年 7 月	古代日本の鉄を科学する	佐々木 稔	13008-6
第 9 号	1984 年 10 月	墳墓の形態とその思想	坂詰 秀一	13009-3
第 10 号	1985 年 1 月	古墳の編年を総括する	石野 博信	13010-9
第 11 号	1985 年 4 月	動物の骨が語る世界	金子 浩昌	13011-6
第 12 号	1985 年 7 月	縄文時代のものと文化の交流	戸沢 充則	13012-3
第 13 号	1985 年 10 月	江戸時代を掘る	加藤 晋平・古泉 弘	13013-0
第 14 号	1986 年 1 月	弥生人は何を食べたか	甲元 真之	13014-7
第 15 号	1986 年 4 月	日本海をめぐる環境と考古学	安田 喜憲	13015-4
第 16 号	1986 年 7 月	古墳時代の社会と変革	岩崎 卓也	13016-1
第 17 号	1986 年 10 月	縄文土器の編年	小林 達雄	13017-8
第 18 号	1987 年 1 月	考古学と出土文字	坂詰 秀一	13018-5
第 19 号	1987 年 4 月	弥生土器は語る	工楽 善通	13019-2
第 20 号	1987 年 7 月	埴輪をめぐる古墳社会	水野 正好	13020-8
第 21 号	1987 年 10 月	縄文文化の地域性	林 謙作	13021-5
第 22 号	1988 年 1 月	古代の都城―飛鳥から平安京まで	町田 章	13022-2
第 23 号	1988 年 4 月	縄文と弥生を比較する	乙益 重隆	13023-9
第 24 号	1988 年 7 月	土器からよむ古墳社会	中村 浩・望月幹夫	13024-6
第 25 号	1988 年 10 月	縄文・弥生の漁撈文化	渡辺 誠	13025-3
第 26 号	1989 年 1 月	戦国考古学のイメージ	坂詰 秀一	13026-0
第 27 号	1989 年 4 月	青銅器と弥生社会	西谷 正	13027-7
第 28 号	1989 年 7 月	古墳には何が副葬されたか	泉森 皎	13028-4
第 29 号	1989 年 10 月	旧石器時代の東アジアと日本	加藤 晋平	13029-1
第 30 号	1990 年 1 月	縄文土偶の世界	小林 達雄	13030-7
第 31 号	1990 年 4 月	環濠集落とクニのおこり	原口 正三	13031-4
第 32 号	1990 年 7 月	古代の住居―縄文から古墳へ	宮本 長二郎・工楽 善通	13032-1
第 33 号	1990 年 10 月	古墳時代の日本と中国・朝鮮	岩崎 卓也・中山 清隆	13033-8
第 34 号	1991 年 1 月	古代仏教の考古学	坂詰 秀一・森 郁夫	13034-5
第 35 号	1991 年 4 月	石器と人類の歴史	戸沢 充則	13035-2
第 36 号	1991 年 7 月	古代の豪族居館	小笠原 好彦・阿部 義平	13036-9
第 37 号	1991 年 10 月	稲作農耕と弥生文化	工楽 善通	13037-6
第 38 号	1992 年 1 月	アジアのなかの縄文文化	西谷 正・木村 幾多郎	13038-3
第 39 号	1992 年 4 月	中世を考古学する	坂詰 秀一	13039-0
第 40 号	1992 年 7 月	古墳の形の謎を解く	石野 博信	13040-6
第 41 号	1992 年 10 月	貝塚が語る縄文文化	岡村 道雄	13041-3
第 42 号	1993 年 1 月	須恵器の編年とその時代	中村 浩	13042-0
第 43 号	1993 年 4 月	鏡の語る古代史	高倉 洋彰・車崎 正彦	13043-7
第 44 号	1993 年 7 月	縄文時代の家と集落	小林 達雄	13044-4
第 45 号	1993 年 10 月	横穴式石室の世界	河上 邦彦	13045-1
第 46 号	1994 年 1 月	古代の道と考古学	木下 良・坂詰 秀一	13046-8
第 47 号	1994 年 4 月	先史時代の木工文化	工楽 善通・黒崎 直	13047-5
第 48 号	1994 年 7 月	縄文社会と土器	小林 達雄	13048-2
第 49 号	1994 年 10 月	平安京跡発掘	江谷 寛・坂詰 秀一	13049-9
第 50 号	1995 年 1 月	縄文時代の新展開	渡辺 誠	13050-5

※「季刊 考古学 OD」は初版を底本とし、広告頁のみを除いてその他は原本そのままに復刻しております。初版との内容の差違は
　ございません。

「季刊 考古学　OD」は全国の一般書店にて販売しております。なるべくお近くの書店でご注文なさることをおすすめしますが、とくに手に入り
にくいときには当社へ直接お申込みください。